저자의 말

안녕하세요, 어린이 독자 여러분! 이 책을 쓴 성효 선생님입니다. 『천방지축 천년손이와 사자성어 신비 탐험대』가 드디어 3권으로 돌아왔어요. 그동안 이 시리즈를 뜨겁게 사랑해 주고 3권을 기다려 주신 어린이 독자 여러분에게 깊이 감사드립니다.

천년손이는 닥락궁 도술학교에서 도술을 배우는 꼬마 신선이에요. 친구인 자래는 아버지가 서해 용왕인 용족이고요. 수아는 천년손이를 친오빠처럼 따르는 세상에 마지막 남은 구미호족이지요. 이들과 **사사건건**(事事件件) 부딪치는 검은 매화단은 선계를 정복하려는 악당들이에요.

천년손이 삼인방은 검은 매화단의 음모에 맞서서 닥락궁을 구하고, 깨달음의 두루마리 나머지 반쪽을 되찾아야만 해요. 그것도 백 일 안에요. 만약 검은 매화단이 깨달음의 두루마리에 더 많은 사자성어를 모은다면 그들이 세상을 정복할지도 모르거든요.

아참, 어린이 여러분, 이 책을 읽을 땐 한 가지 기억해야 할 것이 있어요. 이 책에 나오는 사자성어는 60개가 넘어요. 윽, 사자성어가 60개나! 너무 어려운 거 아니냐고요? 아니요, 전혀 어렵지 않아요. 선생님이 소개한 사자성어들은 모두 일상생활에 자주 쓰이는 말들이거든요. 여러분도 천년손이와 수아, 자래처럼 적절한 상황일 때 여러 가지 사자성어를 자꾸 써먹어 보세요. 아마 몇 번만 따라서 말해 봐도 사자성어가 입에 착 달라붙을 거예요. 사자성어가 반복해서 나올 때마다 함께 따라 말해 보고, 손으로도 써 보고 퀴즈로도 내 보세요. 책을 다 읽을 때쯤이면 여러분의 사자성어 실력이 **일취월장(日就月將)**하는 놀라운 일이 벌어질걸요!

이번 이야기에서 천년손이 삼인방은 빨간 부채와 파란 부채로 사람들의 코를 길어지게 하는 옛날이야기 속으로 모험을 떠나요. 이들이 검은 매화단을 물리친 다음에 찾아낸 '세상에서 가장 정의로운' 사자성어는 과연 무엇일까요? 궁금하다면 이야기 속으로 함께 떠나 봐요!

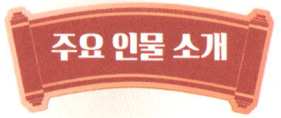

주요 인물 소개

천년손이

닥락궁에서 수련하던 꼬마 신선. 검은 매화단의 계략에 빠져 위태로워진 신선계를 지키기 위해 수아, 자래와 함께 인간계로 모험을 떠났다. 글공부에는 소질이 없지만 부적을 이용한 도술과 변신술에 능하며, 정의로운 마음을 가지고 있다. 아무도 모르는 출생의 비밀이 있다.

수아

세상에 남은 마지막 구미호족. 호기심이 많고 영리하며 화살을 날리기만 하면 모두 과녁에 맞히는 놀라운 재주를 가졌다. 덕분에 궁술 선생이 가장 아끼는 수제자이기도 하다.

자래

서해 용왕의 여덟째 아들. 과묵하고 신중한 성격이라 겉으로 드러내지 않고 조용히 천년손이를 돕는다. 여의주가 있어 신비한 힘을 발휘할 수 있으며, 물을 다스리는 벽파검을 능숙하게 다루는 등 검술에도 뛰어나다.

변신 선생

닥락궁에서 변신술을 가르치는 신선. 본모습보다 변신한 모습으로 있을 때가 더 많다. 유쾌하고 장난기가 많으며 덤벙대는 성격이라 가끔 말도 안 되는 실수를 저지르기도 한다.

산신령

한때 닥락궁에서 신선 후보생들을 가르치던 스승이었으나 비밀스러운 사정 때문에 어쩔 수 없이 물러났다. 그 후 인간계에 머물며 백성들의 간절한 소원을 들어주고 있다. 강직하고 올곧은 성품이지만 의외로 여린 감정의 소유자다.

의원

불치병을 잘 고쳐 주기로 소문난 명의. 딱한 처지의 환자들을 모질게 대하며 돈만 밝힌다는 소문이 파다하다. 수상한 부채 한 쌍을 가지고 있다.

의원 부인

늘 의원 곁에 붙어 서서 환자들의 돈을 깡그리 챙겨 가는 것으로 유명한 거만하고 욕심 많은 부인. 환자에게는 표독스럽지만 남편과는 죽이 잘 맞는다.

검은 매화단

신선 세계를 멸망시키고 그들의 힘을 빼앗으려 하는 암흑의 집단. 천년손이 삼인방이 가지고 있는 깨달음의 두루마리 반쪽을 호시탐탐 노리고 있다. 검은 매화단의 배후와 감춰진 힘은 아직 아무도 알지 못한다.

차례

저자의 말   002
주요 인물 소개   004

1. 사막에 나타난 검은 매화단 **사방팔방(四方八方)**   008
2. 두루마리를 빼앗기다! **속수무책(束手無策)**   015
3. 꾀 많은 천년손이 **유비무환(有備無患)**   027
4. 괴상한 병에 걸린 사람들 **동병상련(同病相憐)**   037
5. 의원의 정체 **어부지리(漁夫之利)**   047
6. 코가 길어진 천년손이 **아연실색(啞然失色)**   056
7. 변신 선생의 조언 **이구동성(異口同聲)**   064
8. 폐강된 수업과 사라진 스승님 **망연자실(茫然自失)**   069

9.	검은 매화단의 오만한 착각 **삼고초려(三顧草廬)**	079
10.	의원 부부의 위기 **사면초가(四面楚歌)**	089
11.	산신령의 세 가지 질문 **괄목상대(刮目相對)**	098
12.	드디어 찾은 실마리 **지피지기(知彼知己)**	105
13.	천년손이의 새로운 무기 **정정당당(正正堂堂)**	112
14.	검은 매화단과 파란 부채 **확고부동(確固不動)**	120
15.	인간계와 선계를 건 치열한 전투 **혼비백산(魂飛魄散)**	130
16.	심술귀의 최후 **사필귀정(事必歸正)**	142
부록	깨달음의 두루마리 속 신통방통 사자성어	152

1 사막에 나타난 검은 매화단
사방팔방(四方八方)

휘이이잉, 어디선가 세찬 바람이 불어왔다. 바람에 자잘한 모래 알갱이들이 섞여 있었다.

"아우, 따가워. 우리가 어쩌다가 사막에 온 거지?"

천년손이와 자래, 수아는 발이 모래 속으로 푹 파묻혀 있었다. **사방팔방(四方八方) 모든 방향**에서 눈에 띄는 것이라고는 햇빛에 반짝거리는 모래 알갱이들뿐이었다. 조금 전에 나랏일은 내팽개치고 길어진 귀에만 신경을 쓰던 임금님이 **개과천선(改過遷善)**하는 걸 보았는데 말이다.

어디선가 슉, 소리를 내면서 주먹만 한 검은 돌멩이들이 날아왔다.

"오라버니, 조심하세요!"

일촉즉발(一觸卽發)의 **다급한 순간**에 수아가 천년손이를 힘껏 밀쳤다. 모래밭에 후드득 소리를 내면서 떨어진 검은 돌멩이들이 새카만 안개를 자욱하게 뿜어 댔다.

"콜록, 콜록……, 이 연기는 또 뭐야."

갑작스런 안개에 천년손이가 기침을 해 댔다. 그 사이에도 검은 돌멩이들은 **동서남북**(東西南北) **모든 방향**에서 쉴 새 없이 날아왔다.

"조심해!"

사래가 비다를 가르고 파도를 일으키는 푸른 파도의 검, 벽파검(碧波劍)을 꺼냈다. 벽파검을 휘두르자 검은 돌멩이들이 반 토막 나서 우수수 떨어져 내렸다. 그런데 바닥에 떨어지

자마자 펑, 소리와 함께 똑같은 돌멩이 두 개가 되었다. 두 개는 네 개로, 다시 여덟 개로 늘어났다.

"오라버니, 이건 검은 매화단이 쓰는 폭탄인 흑매탄이에요."

수아가 검은 돌멩이를 집어 들자 하나였던 돌멩이가 금세 여러 개로 늘어났다.

"수아야, 만지지 마. 흑매탄엔 닿기만 해도 **셀 수 없을 정도로 많이 늘어나는 천정부지**(天井不知) 도술이 걸려 있어."

수아가 자래의 말에 깜짝 놀라서 흑매탄을 모래밭에 내던졌다.

"설마 검은 매화단이 가까이에 있나?"

세 사람이 놀란 눈으로 서로를 쳐다보았다.

그때 사막 여기저기에서 기다렸다는 듯이 검은 매화단이

모습을 드러냈다. 한가운데에 선 검은 매화단 단주의 검은 망토가 바람에 힘차게 펄럭거렸다.

"지금이라도 항복하고 두루마리를 내놓으면 목숨만은 살려 주겠다."

부단주가 무슨 꿍꿍이인지 **자신만만**(自信滿滿)하게 자신 있다는 듯 웃었다.

"안 돼. 두루마리는 절대로 줄 수 없어!"

천년손이가 단호하게 고개를 저었다.

"**풍전등화**(風前燈火)와 같군. 네놈들, 바람 앞의 등불처럼 위태로운 줄도 모르고."

단주가 낮은 소리로 말했다.

"녀석들을 처리하고 깨달음의 두루마리를 가져와라. 이번에는 두루마리를 반드시 빼앗아야 한다. 알겠느냐."

"네, 단주님!"

검은 매화단은 여럿이지만 한 몸처럼 **일사불란**(一絲不亂)하게 모래밭을 달려와 **사방팔방**(四方八方) 여러 방향에서 빠르게 칼을 휘둘렀다.

"방패가 되어라, 얍!"

천년손이가 모래밭을 박차고 뛰어오르면서 황금 부적들을 던졌다. 천년손이의 머리카락이 황금색으로 빛났다. 황금 부적은 순간 허공으로 날아가 **동서남북**(東西南北)을 막는 투명 가림막이 되었다. 챙챙, 하는 소리와 함께 검은 매화단이 휘두른 칼이 튕겨져 나갔다.

"타아앗!"

검은 매화단이 몇 번이고 칼날을 휘둘렀다. 천년손이도 계속해서 부적을 던졌다. 펑, 펑, 요란한 소리를 내면서 투명 가림막이 여기저기에 세워졌다.

"히히. 어때, 소용없지?"

천년손이가 히죽 웃었다.

"자래야, 누구도 쳐들어올 수 없는 이런 요새를 뭐라고 하던데……."

어려운 말을 잘 모르는 천년손이가 고개를 갸우뚱했다.

"으음, **난공불락**(難攻不落)? 아무리 공격해도 무너지지 않는 요새를 뜻해."

자래가 웃으면서 대꾸했다.

"맞아. 역시 자래는 모르는 게 없다니까. **군계일학**(群鷄一

鶴)이란 말이지. 수십 마리의 닭들 속에 한 마리 학이 우뚝 서 있는 것처럼 돋보인단 말이야."

천년손이가 감탄하면서 말했다.

"자, 내 도술 실력이 얼마나 **일취월장**(日就月將)했는지 보여 주겠다. 날이 가고 달이 갈수록 실력이 쑥쑥 늘지 뭐냐. 하하하."

천년손이는 가지고 있던 황금 부적들을 모두 써 버렸지만, 검은 매화단을 향해 기분이 한껏 좋아져 뽐내듯 **의기양양**(意氣揚揚)하게 웃어 댔다.

"오라버니, 투명 가림막에 막혀 녀석들이 못 들어와요."

"잘했어. 천년손이야. 투명 가림막을 더 밀어붙여!"

자래와 수아가 소리쳤다.

2 두루마리를 빼앗기다!
속수무책(束手無策)

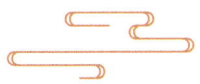

검은 매화단 단주가 말없이 이마를 찌푸렸다.

"염려 마십시오, 단주님. 이미 다 예상해 두었습니다."

부단주가 기다렸다는 듯이 중얼중얼 주문을 외우기 시작했다.

"길어지고 늘어져서 저들의 다리를 붙잡아라!"

모래 위를 뒤덮은 검은 돌멩이들이 한 덩어리로 기다랗게 뭉쳐져서 투명 가림막에 달라붙었다. 줄다리기라도 하는 것처럼 검은 돌멩이들과 투명 가림막이 서로 팽팽하게 맞섰다. 그러나 점점 더 많이 몰려든 검은 돌멩이들이 곧 투명 가림막을 넘어뜨렸다.

"으아아, 안 돼. 넘어지지 마!"

천년손이에게는 이제 남은 부적이 없어서 더는 투명 가림막을 만들 수도 없었다. 천년손이는 검은 돌멩이들 앞에서 **속수무책**(束手無策)으로 손쓸 방법이 없었다.

"안 되겠다. 내가 나설게."

자래가 벽파검에 도력을 불어넣었다. 벽파검에서 우르르릉, 하는 천둥소리가 울렸다. 사막 한가운데에서 파도 소리가 철썩철썩 들리고 짭조름한 바다 냄새가 풍겨 왔다.

"단주님, 벽파검입니다."

검은 매화단이 움찔거리면서 뒷걸음질했다. 얼마 전 자래가 쓴 **화룡점정**(畫龍點睛) 검법에 호되게 당한 다음이었다. **화룡점정**(畫龍點睛) 검법은 다 그려진 용의 모습에 눈을 그려 넣어 용을 완성하는 검법으로, 검술 선생이 가르쳐 준 닥락궁 **천하제일**(天下第一) 검법 중 하나였다. 자래는 본래 가느다란 물줄기 하나만 있어도 거대한 용을 만들 수 있지만, 지금은 사막 한복판이었다. 아쉽게도 물이라고는 한 방울도 찾아볼 수 없었다.

단주가 부단주를 힐끔 쳐다보았다. 부단주가 중얼중얼 주문을 외웠다.

"거대한 손이 되어라!"

검은 돌멩이들은 거대한 검은 손이 되어 벽파검을 잡아당겼다.

"으아아, 이게 뭐야. 떨어져, 떨어지라고."

자래가 허둥대면서 벽파검을 마구 휘둘렀다. 하지만, 벽파

검으로 베어 낼수록 검은 손들은 더욱 많아졌다. 많아진 검은 손은 다시 벽파검에 달라붙었다.

"으아아, 저리 가."

자래는 **우왕좌왕**(右往左往) 이리저리 왔다 갔다 하며 어찌할 바를 몰랐다.

"자래야, 비켜."

수아가 투명 활을 꺼내서 시위를 당겼다. 한겨울 처마 끝에 달린 고드름처럼 기다랗고 투명한 화살이 생겨났다.

"수아의 궁술은 세상에 맞설 사람이 없어. **천하무적**(天下無敵)이지."

자래가 애써 웃어 보였다. 그때 검은 매화단 부단주가 주문을 외웠다.

"거대한 지네가 되어라!"

검은 돌멩이들은 똘똘 뭉쳐서 커다란 지네가 되었다. 커다란 검은 지네들이 수아가 날린 투명 화살을 입으로 꽉 깨물고는 검은 모래가 되어 허공에서 흩어졌다. 수아가 몇 번이고 투명 화살을 날려도 검은 지네들이 잡아채는 속도가 더 빨랐다.

"수아야, 그만해. 그러다가 도력이 모두 바닥나겠어."

천년손이가 고개를 저었다.

"오라버니, 어쩌면 좋죠."

다들 어찌할 바를 몰라 입술만 깨물었다.

"지금이다."

단주가 낮은 소리로 말했다.

"네, 단주님."

부단주가 다시 중얼중얼 주문을 외웠다.

"도력 흡수 밧줄이 되어라!"

검은 돌멩이들은 검은 밧줄이 되어 수아와 천년손이, 자래의 몸을 꽁꽁 묶어 버렸다.

"이게 뭐야!"

천년손이가 밧줄을 끊으려고 몸을 힘껏 비틀었다. 도력을 쏟아붓던 천년손이의 눈이 동그래졌다.

"어, 뭐지?"

도력을 쓰면 쓸수록 몸에서 빠르게 힘이 빠져나갔다.

"뭐야, 이거 놔!"

자래도 마찬가지였다.

"아……, 힘이 자꾸…… 빠…… 져……."

수아의 몸에 있던 도력도 빠르게 빠져나갔다.

검은 매화단은 검은 밧줄에 꽁꽁 묶인 천년손이 삼인방에게 칼을 겨누었다. 모두 **전광석화**(電光石火)처럼 눈 깜짝할 새에 벌어진 일이었다.

"어떠냐. 닥락궁의 신선 후보생 녀석들, 이제 항복하겠느냐."

부단주가 물었다. 검은 밧줄은 수아와 천년손이, 자래의 도력을 잔뜩 흡수한 채 기이하게 빛났다.

"우…… 우리가 진…… 건가?"

천년손이와 자래, 수아는 이해되지 않는다는 듯 고개를 갸우뚱했다.

"이게 다 어떻게 된 일인지 궁금한 눈빛이구나."

부단주가 혀를 끌끌 찼다.

"우린 사막에서 너희들을 진즉부터 기다리고 있었다."

"우리가 사막으로 이끌려 온 거라고?"

"아직도 모르는군. 두루마리는 지금이야 둘로 나뉘었지만, 본래 하나였다. 두루마리에는 다시 하나가 되기 위해 서로를 끌어당기는 힘이 있지. 그게 바로 너희가 사막으로 끌려온 이유다."

"뭐, 뭐라고?"

"자래 너는 용족이다. 물이 없으면 힘도 약해지지. 여의주도 쓸 수 없고 말이다. 천년손이 네 황금 부적은 몹시도 강력하지만, 부적이 없으면 쓸 수 있는 도술이 없어. 지금은 그 부적을 다 써 버렸고."

단주의 서늘한 목소리가 검은 복면 아래에서 흘러나왔다. 검은 매화단은 지난 싸움에서 진 게 아니었다. 일부러 져 주는 척하면서 천년손이 삼인방의 약점을 파악했던 것이다.

"어린 구미호의 궁술이 **백 발 쏘면 백 발 모두 맞힐 정도로 백발백중(百發百中)**이긴 하다만, 그래봐야 화살이다. 막으면

그만이지."

부단주가 설명을 덧붙였다.

"두루마리는 이제 우리 것이다."

단주는 웃으면서 천년손이 허리춤에 달려 있던 깨달음의 두루마리를 가져가 버렸다.

"아…… 안 돼……."

검은 매화단의 칼날이 코앞에서 겨누고 있는 데다가 몸을 움직일 힘조차 없었다. 세 사람은 단주가 두루마리를 뺏어 가는 걸 눈을 동그랗게 뜨고 지켜보아야만 했다.

"단주님, 이제 어떻게 할까요."

부단주가 낮은 소리로 물었다.

"사막에서 굶어 죽도록 내버려 두거라. 도력이 사라진 데다 두루마리도 없으니 이제 아무런 힘도 못 쓸 것이다."

단주가 씨익 웃었다.

"단주님, 정말 좋은 생각이십니다."

"**바다처럼 끝이 보이지 않는 망망대해**(茫茫大海)의 모래사막에서 쫄쫄 굶어 죽다니요. 역시 단주님은 **세상에서 으뜸가는 천하제일**(天下第一) 악당이십니다."

검은 매화단이 앞을 다투어 아부하는 말을 해 댔다.

"두루마리를 가졌으니, 우린 **무소불위**(無所不爲), **못 할 일이 없다**. 하하하. 두루마리여, 우리를 안내해라!"

단주가 힘껏 소리치자 깨달음의 두루마리에서 눈부신 빛이 뿜어져 나왔다. 휘리릭 소리와 함께 검은 매화단과 검은 돌멩이들은 흔적도 없이 사라져 버렸다. 세 사람을 꽁꽁 묶었던 검은 밧줄도 사라졌다. 사막은 금세 조용해졌다. 이따금 모래바람만 고요하게 불어올 뿐이었다.

"천년손이야, 넌 꾀가 많잖아. 뭐……, 좋은 생각 없어?"

해가 머리 위에서 뜨겁게 내리쬐고 있었다. 자래는 입이 바짝바짝 타들어 가는 것 같았다.

"으으음, 내 생각을 말해 줘?"

천년손이가 눈을 감은 채 중얼거렸다.

안녕, 신선 후보생들.
난 깨달음의 두루마리야.
그동안 천년손이와 자래, 수아가
개과천선(改過遷善)과 **살신성인**(殺身成仁)처럼
힘이 센 사자성어들을 어렵게 찾아냈는데,
정말로 큰일이 생겼지 뭐야.

그렇게나 어렵게 지켜 온
깨달음의 두루마리도 잃어버리고,
애지중지(愛之重之) 귀하게 여기던
글자들도 함께 잃어버린 모양이야.
어쩌면 좋지?

닥락궁에선 백 일 안에 천년손이 삼인방이
인간 세상으로 흩어진 사자성어들을 모두
되찾아 오기만을 기다리고 있어.
그렇지 않으면 검은 매화 독에 중독된
닥락궁 신선 후보생과 신선 사부 들이
목숨을 잃게 되거든.

천년손이 삼인방은
과연 이대로 검은 매화단에게
깨달음의 두루마리를 빼앗기는 걸까.
궁금하다고?
그럼 다음 장으로 빨리 넘어가 볼래?

 3
꾀 많은 천년손이
유비무환(有備無患)

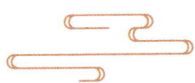

"두루마리가 우릴 이곳으로 이끌었다면 그게 뭘 뜻하겠어?"

천년손이가 눈을 감은 채 호흡을 고르면서 물었다.

"근처에 글자가 있단 뜻이지, 뭐긴 뭐야."

자래가 한숨을 내쉬었다.

"글자가 있으면 뭐 해요. 우린 이제 두루마리도 없는데요."

수아도 한숨을 길게 내쉬었다. 그때 천년손이가 눈을 살짝 뜨면서 킥킥거렸다.

"없긴 왜 없어. 여기 있잖아."

천년손이가 소매에서 기다란 두루마리를 꺼냈다.

"어머, 오라버니! 이게 대체 어떻게 된 거예요? 이건 깨달음의 두루마리 잖아요!"

수아의 여우 귀가 신이 나서 쫑긋거렸다.

"하하하, 천년손이 너, 그새 두루마리를 바꿔치기라도 한 거야?"

자래가 물었다.

"검은 매화단이 가져간 건 가짜 두루마리야. 이런 일이 있을 줄 알고 대비를 좀 했지. 헤헤."

천년손이는 천연덕스럽게 웃었다.

"설마 의술 스승님처럼 너도 **선견지명(先見之明)**이 있는 거야? 앞으로 일어날 일을 미리 알다니……."

자래가 놀란 눈으로 물었다.

"아니야. 그건 도력이 높은 스승님이니까 가능한 거지."

천년손이는 씨익 웃으면서 고개를 저었다.

"그럼?"

수아와 자래가 동시에 물었다.

"역지오지!"

천년손이가 검지를 까딱 세워서 좌우로 흔들었다.

"으음, 역지오지가 뭐야?"

"있잖아, 그거. 입장 바꿔서 생각한다는 거 말이야. 그걸 해 봤지."

천년손이는 어려운 말을 알고 있는 자신이 기특하다는 듯 웃었다.

"아아, 난 또 뭐라고. **역지사지(易地思之)** 말하는 거야?"

"역지오지가 아니라 **역지사지(易地思之)**였어? 아무튼 그거."

천년손이는 웃으면서 머리를 긁적였다.

"**역지사지(易地思之)**는 전에 내가 가르쳐 준 말이잖아. 상대방과 입장 바꿔 생각한다는 뜻이라고 말이야."

자래가 웃으면서 말했다.

"네 말을 듣고 곰곰이 생각해 봤어. 내가 검은 매화단 단주리면 어떻게 할까, 하고 말이야. 내가 검은 매화단 단주라면 깨달음의 두루마리를 빼앗기 위해 우릴 함정에 빠뜨릴 것 같았거든. 그때부터 진짜 두루마리는 소매 속에 숨겨 두고, 가짜 두루마리를 만들어서 허리에 차고 다녔지."

"와아, 오라버니, 그런 걸 **유비무환(有備無患)**이라고 해요."

수아가 웃으면서 말했다.

"**유비무환(有備無患)**? 그건 또 뭔데?"

천년손이가 되물었다.

"대비를 미리 해 두면 걱정이 없다는 뜻이지."

자래가 부드럽게 대답했다.

"천년손이 네가 검은 매화단보다 꾀로는 한 수 위구나. 하하하."

두루마리에서 웅웅거리면서 황금빛이 뿜어져 나왔다. 천년손이 삼인방은 금세 온몸에 도력과 힘이 넘쳐흘렀다.

"우선 글자부터 찾자."

눈이 밝은 구미호족 수아가 모래 위를 샅샅이 훑었다.

"오라버니, 여기 글자들이 있어요. 흑매탄에 가려져 있었나 봐요."

황금빛 글자들 몇 개가 뒹굴고 있었다. 모래밭에서 빼꼼히 머리 한쪽만 내밀고 있던 글자가 천년손이 눈에 띄었다.

"이건 나도 알아. 감(甘), 달다는 글자잖아."

머리에 뾰족하게 뿔이 달린 것 같이 생긴 글자였다.

"나도 찾았어. 이건 래(來), 온다는 뜻이지."

자래도 모래에 파묻혀 있는 글자를 하나 집었다.

"이건 고(苦), 고생스럽다는 뜻의 글자예요. 그리고 이건 진(盡), 끝난다는 뜻이죠."

수아도 글자를 두 개나 집어 들었다.

"그럼 고진(苦盡), 고생이 끝난다는 뜻이네? 지금 우리처럼 말이지?"

"호호, 맞아요."

수아와 천년손이, 자래는 글자들을 모래 위에 나란히 늘어놓았다.

"감래(甘來)는 달콤한 것이 온다는 얘긴데? 그럼 이게 다 무슨 뜻이지?"

고진감래(苦盡甘來), 고생 끝에 비로소 좋은 일이 온다는 말이에요."

"와, 우리 그럼 사자성어를 또 하나 찾아낸 거잖아?"

천년손이와 자래, 수아가 큰 소리로 외쳤다.

"**고진감래(苦盡甘來)**, 고생 끝에 좋은 일이 온다."

글자들이 쪼르르 두루마리로 빨려 들어왔다. 깨달음의 두루마리가 웅웅거리면서 부르르 떨었다. 순간, 천년손이의 머리카락은 황금빛으로 물들었다가 원래대로 돌아왔다. 천년손이의 소매에는 황금 부적들이 잔뜩 생겨났다.

"황금 부적이 다시 채워졌어! 이제 검은 매화단을 찾으러 가자."

천년손이가 신이 나서 외치자 수아가 근심 어린 표정을 지었다.

"오라버니, 이번처럼 우리가 오히려 당할 수도 있으니 조심해야 해요."

그때 두 사람의 대화를 듣고 있던 자래가 조심스레 말을 꺼냈다.

"전에 닥락궁 도서관에서 『소원을 반드시 이루어 주는 도술』이란 책을 읽었는데, 이런 말이 나오더라. **지피지기**(知彼知己) **백전백승**(百戰百勝)."

"그게 무슨 말이야. 되게 어려운 말 같은데?"

공부라면 딱 질색인 천년손이는 고개를 갸우뚱했다.

"어렵지 않아. 잘 들어 봐. **지피지기**(知彼知己), 적을 알고 나를 알면, **백전백승**(百戰百勝), 백 번 싸워도 백 번 이긴다는 뜻이야."

자래가 차근차근 설명했다.

"그런데?"

천년손이가 이마를 찌푸렸다.

"지금까진 우리가 검은 매화단에 쫓겨 다녔잖아. 이제부턴 반대로 우리가 검은 매화단을 쫓아가는 거야. 검은 매화단이 하려는 일이 무엇인지 알면 글자도 먼저 차지할 수 있을 거 아니야."

자래가 힘주어 말했다.

"아하, 이해했어. 우리가 한발 앞서 가자는 거잖아. 그럼 진짜로 **백전백승(百戰百勝)**할 수 있겠네."

수아와 천년손이의 얼굴이 환하게 밝아졌다.

"오라버니, 잠깐만요. 검은 매화단이 사막으로 돌아올지도 몰라요. 혹시 모르니까 우리랑 똑같이 생긴 허수아비들을 만들어 두면 어떨까요?"

"오, 좋은 생각이야."

천년손이는 황금 부적을 세 장 꺼냈다.

"우리 대신 이곳을 지켜 줘. 후우우—."

천년손이가 부적에 숨결을 불어 넣었다. 하얀 연기가 모락모락 피어오르더니 황금 부적이 펑, 하는 소리와 함께 각각 천년손이와 자래, 수아로 변신했다.

"오라버니, 이것 좀 보세요. 여우 귀가 뾰족 솟은 게 저랑 똑같이 생겼어요. 세상에, 신기해라. 호호호."

수아는 앞에 서 있는 허수아비 수아를 뚫어져라 보면서 큰 소리로 웃었다.

"와, 이 비늘 좀 봐."

자래는 허수아비 자래의 목덜미를 쓰다듬었다. 푸르스름한 용 비늘이 허수아비 자래의 목덜미를 빼곡하게 덮고 있었다.

"당연하지. 이 몸이 만든 건데."

천년손이가 **자신감에 가득 차 자신만만(自信滿滿)**하게 웃었다. 천년손이의 허수아비는 머리카락 몇 가닥이 삐죽이 솟은 것까지 천년손이랑 똑같았다.

"우릴 대신할 허수아비들도 완성됐으니, 이제 검은 매화단을 쫓아가 볼까."

"깨달음의 두루마리여, 검은 매화단이 갈 곳이 어디인지 알려 줘."

깨달음의 두루마리에 금세 커다란 기와집이 하나 나타났다. 천년손이와 수아, 자래는 깨달음의 두루마리로 휘리릭 소리를 내면서 빨려 들어갔다.

4 괴상한 병에 걸린 사람들
동병상련(同病相憐)

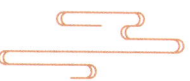

커다란 기와집 앞에 사람들이 줄을 지어 늘어서 있었다. 줄은 끝이 보이지 않을 만큼 길었다. 사람들은 저마다 복면 비슷한 걸 쓰고 있었는데, 복면 한복판이 불룩하게 솟아 있었다. 어떤 사람은 조금 볼록하게, 또 어떤 사람은 복면이 붕 뜰 정도로 뾰족했다.

"이 사람들은 왜 이렇게 줄을 서 있는 거지?"

천년손이와 수아, 자래는 어리둥절한 표정으로 주변을 둘러보았다.

"사람들 눈에 띄니, 변신하는 게 좋겠어요."

수아는 펑, 하는 소리와 함께 새끼 고양이로 변신했다. 자래는 은둔술을 써서 새끼 고양이의 그림자로 숨었고, 천년손이는 복면을 쓴 사람으로 변신했다. 세 사람은 자연스럽게 줄에 섞여 들었다.

"에이, 참, 도대체 언제까지 기다려야 하는지, 이거 원."
"쯧쯧, 허구한 날 이게 대체 무슨 일이요."
복면 밖으로 드러난 사람들의 얼굴

은 잔뜩 찌푸려져 있었다.

"왜 의원님은 환자를 고쳐 주는 일에 **측은지심**(惻隱之心)이라고는 눈곱만큼도 없는 건지 모르겠소. 우리처럼 곤경에 빠진 사람을 보면 불쌍하게 여기고 도와주려는 마음이 당연히 생겨야 하는 거 아니오?"

"그러게나 말입니다. 의원이라면 어려운 처지에 있는 사람을 도와주려는 마음이 드는 게 **인지상정**(人之常情)인데 말이에요."

"의원 부인 꼴 좀 보시오. 어찌나 거들먹거리고 사람을 무시하는지, **안하무인**(眼下無人)이라니까요, 원."

구미호족이라 귀가 밝은 수아에겐 투덜거리는 소리가 한 글자, 한 글자 또렷하게 들려왔다.

"사람들이 왜 복면을 썼지?"

자래가 고양이 그림자에 숨은 채 전음(傳音)으로 물었다. 전음은 밖으로는 소리가 들리지 않지만, 마음으로 상대방의 소리가 들리는 고급 도술이다. 천년손이 삼인방은 깨달음의 두루마리 덕분에 얼마 전부터 전음으로 밀할 수 있게 되었다.

"어머, 세상에······. 자래야, 오라버니, 투시술로 복면을 들여다보세요."

수아의 전음이 들려왔다. 천년손이와 자래는 검지와 중지를 세워서 눈앞을 왔다 갔다 했다. 투시술을 쓰자 사람들이 쓰고 있는 복면 속이 투명하게 들여다보였다.

"으응? 저게 뭐야?"

"다들 코가 길어졌잖아?"

다른 데는 멀쩡한데 코만 길었다. 그 모습은 너무나 **괴이하고 이상**했다. 사람들이 복면을 쓴 것은 다 **해괴망측(駭怪罔測)**한 코를 가리기 위해서였다.

"그쪽은 뭘 가져왔소? 난 꿀을 좀 가져왔소."

허름한 옷을 입은 남자가 품에서 조심스럽게 작은 꿀단지를 꺼냈다.

"어허, 소문 못 들었소? 꿀로는 턱도 없소. 지난번엔 누가 산에서 캔 백 년 묵은 산삼을 가져왔는데 의원님이 싸구려라고 화를 냈다지 않소."

"그럼 이런 꿀단지로는 어림도 없겠구려."

"그렇다니깐. 어디 가서 돈이라도 꾸어 오시오. 자리는 내가 어떻게든 맡아 주겠소. **동병상련**(同病相憐), 서로 같은 병을 앓는 처지니까 말이오."

사람들은 여기저기서 수군거렸다. 한참을 기다려도 줄은 눈곱만큼씩 줄어들 뿐이었다. 그사이 해는 뉘엿뉘엿 기울어 갔다.

"도대체 언제쯤 줄이 줄어드는 거지?"

천년손이와 자래, 수아가 줄 서기에 지칠 즈음 커다란 기와집에서 웬 남자와 아주머니가 걸어 나왔다. 남자는 얼굴에 염소수염처럼 양 갈래로 수염이 나 있어 왠지 우스꽝스러웠고, 아주머니는 잔뜩 심술 난 표정이라 가만히 있어도 화가 난 것처럼 보였다.

"어, 저 남자는 그때 깨달음의 두루마리에 나타났던 남자 잖아."

수아가 전음으로 말했다.

"맞아. 부채를 들고 있던 남자."

"그럼 우리가 제대로 찾아온 거네? 저 옆에 아주머니는 누구지?"

"아이고, 의원님."

사람들이 남자를 보자마자 갑자기 고개를 숙여 공손하게 인사를 했다. 남자는 그 모습을 보고는 **기고만장(氣高萬丈)**하여 잔뜩 으스대며 거만한 표정을 지었다.

"부인, 여기 이 사람들에게 약을 나눠 주시오."

의원이 고개를 까딱거렸다. 심술궂어 보이는 의원의 부인이 입을 삐죽거리면서 동글동글한 검은 알약을 사람들에게 나누어 주었다. 사람들은 약을 받으면 갖고 있던 돈을 탈탈 털어서 건넸다. 의원의 부인은 돈을 뺏다시피 가져가서는 비단 주머니에 차곡차곡 넣었다. 비단 주머니는 금방 두둑하게 배가 불렀다.

"자기 전에 그 약을 꼭 먹도록 하시오."

의원이 심드렁한 말투로 말했다.

"아이고, 예, 예. 그럼요. 의원님."

"의원님은 세상에서 으뜸가는 **천하제**

일(天下第一) 명의이십니다."

사람들이 굽실거리면서 의원의 비위를 맞추었다.

"더 비싸게 받아야 하는데, 트으으윽별히 생각해서 싸게 주는 줄 아시오."

의원의 부인은 팔짱을 낀 채 못마땅한 표정을 지었다.

"예, 예, 그럼요."

사람들이 마지못해 고개를 끄덕였다.

"어허험, 오늘 진료는 이걸로 끝났소. 다들 돌아가시오."

의원은 가느다란 염소수염을 배배 꼬면서 으스댔다.

"예에? 진료가 끝났다고요? 의원님, 제발 저희도 좀 봐 주셔요."

사람들이 간곡하게 부탁했다.

"어허, 내가 진료를 안 한다면 안 하는 거요. 이만 돌아들 가시오."

의원은 단호하게 고개를 저었다.

"의원님, 그럼 우리 복순이는 어쩝니까. 당장 혼례를 치러야 하는데, 그 코로 시집을 어떻게 가요."

나이가 지긋해 보이는 아주머니가 애원했다.

"어허, 우리 의원님이 안 된다지 않습니까. 잠들기 전에 아까 나눠 준 그 검은 알약이나 먹이세요."

의원의 부인이 고개를 저으며 퉁명스럽게 대꾸했다.

"제발요. 그 약은 아무리 먹어도 코가 줄어들지 않습니다."

아주머니가 주저하면서 말했다.

"뭐어? 그럼 내 약이 효과가 없다는 말이오?"

의원이 염소수염을 바짝 치켜올렸다.

"아니, 그게 아니라……. 의원님, 제발 이렇게 부탁드립니다. 저희 복순이 코만 좀 치료해 주셔요."

아주머니는 의원의 바짓가랑이를 붙잡았다. 하지만 의원 옆에 섰던 의원의 부인이 아주머니의 손을 매몰차게 뿌리쳤다.

"에이 참, 어디다가 더러운 손을 갖다 대는 거야! 우리 의원님 몸에 함부로 손대지 말라고요."

"어허험, 내 불쌍해서 봐주려고 했더니 안 되겠군. 이만 썩 물러가시오."

의원도 쯧쯧 혀를 차면서 얼굴을 찌푸렸다.

"제발요, 의원님."

사람들이 **애걸복걸**(哀乞伏乞)하면서 안타깝게 빌고 사정했

지만 소용이 없었다. 의원은 커다란 기와집 안으로 들어가서는 문을 쾅 닫아 버렸다.

"어찌 의원이란 사람이 이렇게 모질게 대한단 말이오."

"의원도 의원이지만, 그 부인이 더 못됐다니까요. 복순이 어머니, 그만 우셔요."

"**금지옥엽**(金枝玉葉)으로 **금쪽같이 귀하게 키운** 우리 복순이, 어쩐대요. 흐흐흑……."

사람들은 울고 있는 복순이네 어머니를 부축해서 집으로 돌아갔다.

"저 의원이랑 아줌마 정말 수상하다. 그치?"

"응. 무슨 꿍꿍이가 있어 보여."

"그나저나 사람들 코는 어떻게 하지?"

"방법이 있을 거야. 일단 어두워질 때까지 기다렸다가 들어가자."

천년손이와 자래, 수아는 주변이 어두워지자 의원 집의 담을 넘었다.

5 의원의 정체
어부지리(漁夫之利)

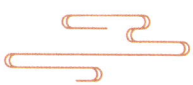

"히히히. 이게 다 얼마냐. 에헤라디야."

호롱불을 환하게 밝힌 방에서 노란 불빛이 흘러나왔다. 의원의 목소리였다.

"작아져라, 얍!"

천년손이가 조용히 주문을 외우자 펑, 하는 소리와 함께 콩알만 하게 작아졌다. 천년손이는 이제 변신술을 **자유자재(自由自在)**로 마음껏 할 수 있었다. 모두 깨달음의 두루마리에 글자들을 모은 덕분이었다.

"수아야, 우리도 해 보자. 천년손이처럼 변신술이 늘었을

지도 몰라."

"좋아, 한번 해 보자."

자래와 수아도 주문을 외웠다.

"작아져라, 얍!"

펑, 하는 소리와 함께 자래와 수아도 한 뼘만 하게 작아졌다.

"와, 된다. 돼. 콩알까진 아니지만, 눈에 띄게 작아졌어."

"이게 다 깨달음의 두루마리 덕분이야. 우리 얼른 방에 들어가 보자."

천년손이와 수아, 자래는 문틈 사이로 방에 들어갔다.

널따란 방에는 커다란 벽장이 있었다. 마침 벽장문이 활짝 열려 있고, **금과 은으로 된 값비싼 보물**이 잔뜩 쌓여 있었다. 모두가 마을 사람들에게서 억지로 뺏다시피 해서 모은 재물이었다. **금은보화**(金銀寶貨) 더미에는 황금빛 기운을 내뿜는 신비한 글자들도 여러 개 흩어져 있었다.

"저기 좀 봐. 글자들이 있어."

"글자들이 여기 있다면 검은 매화단도 이곳으로 올지 몰라."

"으아아, 그럼 그 전에 우리가 먼저 글자들을 찾아야 돼. 가까이 가야 글자들을 부를 수 있을 텐데, 어떻게 하지?"

"음, 좋은 방법이 있을 텐데……."

천년손이와 수아, 자래가 전음으로 소곤거렸다.

"**금은보화**(金銀寶貨)가 쌓여 있으니, 노래가 절로 나오는구려. 히히. 우리도 이제 세상에 이름을 떨치고 부자가 돼서 귀하게 살아 봅시다."

"이렇게 **부귀영화**(富貴榮華)를 누리니 참으로 좋구려."

의원과 부인은 한참 동안 낄낄거렸다.

"하하하, 보물 중에 보물은 바로 요거지. 안 그렇소, 부인?"

의원이 베개 속에 손을 쑥 집어넣고는 한참을 뒤적뒤적했다. 베개에서 꺼낸 의원의 손에는 똑같이 생긴 부채 두 개가 들려 있었다. 하나는 파란색이었고, 하나는 빨간색이었다.

"히히. 그러게나 말입니다."

부인도 맞장구치면서 웃었다.

"오라버니, 저것 좀 보세요. 지난번에 복두장 심술귀가 들고 다니던 부채예요."

수아가 전음으로 속삭였다.

"심술귀가 갖고 있던 부채가 어떻게 저 의원 손에 들어간 거지?"

자래도 중얼거렸다. 세 사람 다 고개를 갸웃거렸지만, 의문은 금방 풀렸다.

"어쩜 난 이렇게도 운이 좋지. **천재일우**(千載一遇)가 따로 없지 뭐요? **천년에 한 번 있을까 말까 한 기회**를 공짜로 얻은 거지."

"아니요. 이건 **어부지리**(漁夫之利)라고 해야 돼요. 하필 그때 검은 매화단하고 복두장 심술귀 **둘이 싸우는 바람에 행운을 얻은 셈**이니까 말이에요. 히히히."

의원은 기분이 좋아서 부인과 주거니 받거니 한참을 떠들어 댔다.

"그날 대나무 숲에서 부채를 안 주웠으면 이렇게 부자가 되지도 못했을 거요. 히히히."

"그러니까 말이에요. 우리 귀한 부채들."

의원과 부인은 요술 부채를 하나씩 나눠 갖고는 부채에 입을 쪽쪽 맞췄다.

"좋아. 그럼 내가 가서 글자들을 먼저 확인해 볼게."

천년손이가 통통 뛰면서 말했다.

"천년손이야, 잠깐. **경거망동**(輕擧妄動)하면 안 돼. 생각 없이 섣불리 행동하면 위험할 수도 있어."

자래가 말렸지만 이미 천년손이가 의원의 어깨 위로 통통 뛰어서 올라간 다음이었다. 의원은 파란 부채를 펴고, 부채에 적힌 대로 중얼중얼 주문을 외웠다.

"하늘과 땅과 바람의 힘을 빌려 외치니, 모습이여, 변해라!"

순간, 천년손이는 부채 바람을 고스란히 맞고 말았다.

"으아아아, 바…… 바람……."

천년손이는 바닥으로 나뒹굴었다.

"오라버니, 괜찮아요?"

"어, 어……. 아이구, 엉덩이야."

천년손이가 엉덩이를 문지르면서 일어났다.

"그러게 **경거망동**(輕擧妄動)하지 말라니깐, 뭐하러 콩알만 하게 변신해 있을 때 거길 올라가."

자래가 잔소리를 해 댔다. 세 사람이 소곤거리는 사이 의원의 코가 점점 기다래졌다.

"와, 저것 좀 봐. 코가 진짜로 길어졌어."

"깨달음의 두루마리에 나타났던 거랑 똑같아. 저 부채가 사람들 코도 길어지게 만든 거야. 틀림없어."

자래와 수아가 소곤거렸다.

"히히히. 부인, 이제 다시 내 코를 작아지게 해 주시오."

의원이 눈을 감은 채 얼굴을 부인에게 내밀었다.

"잠시만 기다려 보세요."

부인은 빨간 부채를 의원의 코에 대고 살랑살랑 부쳤다. 이번엔 쏙쏙 소리를 내면서 의원의 코가 작아졌다. 의원은 눈을 슬며시 뜨더니, 껄껄 웃었다.

"아하하하. 이렇게 간단한 걸 모르다니, 인간들은 정말 어리석다니깐. 안 그렇소, 부인?"

"그럼요. 오늘도 동네 사람들 코에 장난을 좀 쳐 볼까요."

의원이 벽장에서 기다란 검은 옷을 꺼내더니 몸에 걸쳤다. 의원의 부인도 똑같이 검은 옷을 입고 검은 복면을 썼다. 부인은 벽장에서 장부를 꺼내더니 옆구리에 조심스럽게 끼었다. 삐그덕, 하고 문 여는 소리가 밤공기를 타고 고요한 마을에 울려 퍼졌다.

"어딜 가는 거지, 이 늦은 시각에?"

"아무리 봐도 수상해요. 우리 ᄂ 따라가 봐요. 오라버니."

수아와 자래, 천년손이는 의원의 뒤를 몰래 쫓아갔다.

의원 부부는 으슥한 밤길을 걷다가 불쑥 남의 집에 들어가더니 잠든 사람들을 살폈다.

"어디 보자. 오늘도 다들 깊이 잠들었소?"

"그럼요. 아까 그 검은 약을 먹은 이들은 모조리 잠들었지요. 히히."

부인은 사람들 얼굴에 대고 손을 휘휘 저어 보았다. 다들 꼼짝도 하지 않았다. 의원과 부인이 낮에 나누어 주었던 검은 알약은 사람들을 깊이 잠재우는 수면제였다.

"오늘 값비싼 비단을 열 필 들고 온 이 서방네는 코를 쪼끔만 줄어들게 해 주고……."

부인이 빨간 부채를 살랑살랑 보일락 말락 부쳤다.

"오늘 김 서방이 들고 온 산삼 맛이 영 별로였지 않소?"

"그렇지요."

"그럼 김 서방네 외아들 바우는 코를 더 길어지게 해야지."

의원은 파란 부채로 부쳤다. 부채 바람을 쐰 바우의 코는 서서히 길어졌다.

"어서 다음 집으로 가요. 밤이 짧다니까요."

"히히. 다음 집에도 가 봅시다."

두 사람은 비싼 선물을 가져온 사람의 코는 살짝 줄여 주고, 맘에 안 드는 선물을 가져온 사람의 코는 더 길게 만들었다.

"우히히. 온 가족이 다 같이 코가 기다래졌네."

의원 부부는 마을을 돌면서 파란 부채로 사람들 코를 길게 만들었다. 빨간 부채로 코를 줄여 준 사람도 있지만 그나마도 눈곱만큼이었다. 값비싼 보물과 돈만 빼앗고 정작 도움은 하나도 안 준 셈이었다.

 **6** 코가 길어진 천년손이
아연실색(啞然失色)

밤하늘에 보름달이 휘영청 밝게 떠 있었다.

"마을 사람들 코가 길어진 게 모두 저 두 사람 때문이잖아?"

"그래 놓고 사람들을 치료해 준다고 했단 말이야?"

수아와 천년손이, 자래는 전음으로 대화를 나누며 의원의 뒤를 바짝 쫓았다. 의원 부부는 사람들 코에 한참 동안 장난을 친 다음 집으로 돌아갔다.

"내일도 코를 고쳐 달라고 몰려들겠지요?"

"그러니까 말이오. 히히히."

의원과 부인은 방에 들어와서는 다시 옷을 갈아입었다. 부채들을 베갯속에 집어넣은 의원과 부인은 잠자리에 반듯하게 누워 잠을 청했다. 얼마나 지났을까. 코를 드르렁드르렁 골던 부인이 벌떡 일어났다.

"여보, 좀 일어나 보시오."

"왜, 왜요……."

"쓰으읍, 이걸 베갯속에 뒀다가 누가 베개를 훔쳐 가면 어떻게 해요?"

"그럼, 안 되지. 이 귀한 보물을……."

의원이 잠꼬대처럼 중얼거렸다. 의원의 부인은 벽장 속 **금은보화**(金銀寶貨)들을 뒤져서 금목걸이 두 개를 찾아냈다.

"그래. 이 목걸이에 부채를 매달아 두자. 그럼 안 잃어버리겠지."

부인은 빨간 부채는 의원의 목에 걸고, 파란 부채는 자신이 걸었다. 옷으로 잘 여민 다음에야 부인은 자리에 다시 누웠다.

"하아, 이제야 안심이 되는군."

부인은 코를 드르렁거리면서 금방 곯아떨어졌다.

"앗, 부채를 아예 목에 걸었잖아?"
"그러니까 말이야. 저걸 어떻게 빼앗지?"
자래와 수아가 소곤거리다 말고, 눈이 휘둥그레졌다.
"어머나, 오라버니!"
"으아아악, 천년손이 너, 코가……. 이게 어떻게 된 거야?"
자래는 안 그래도 큰 눈이 더 동그래지고, 목덜미의 검푸른 비늘이 바짝 곤두섰다.
"코? 내 코가 왜?"
천년손이는 놀라서 코를 더듬다가 꺄아아악, 하고 소리를 질렀다.
"이럴 수가, 내 코가 길어진 거야? 설마 낮에 그 사람들처럼 나도 **해괴망측(**駭怪罔測**)**한 모습으로 괴이하고 이상하게 변한 건 아니겠지?"
천년손이는 얼굴이 하얗게 질려서 물었다. **아연실색(**啞然失色**)**한 천년손이를 보고 수아와 자래는 우물쭈물했다.
"아아, 이를 어째. 아까 의원의 어깨에 올라갔을 때 부채 바람을 쐬었기 때문이에요."

수아가 발을 동동 굴렀다.

"으이구, **경거망동(輕擧妄動)**하지 말라니깐. 경솔하고 성급하게 행동하면 꼭 탈이 난단 말이야. 이를 어쩌지?"

자래도 당황하긴 마찬가지였다.

"어허허헝, 내 코 어떻게 해."

천년손이는 코를 쥐고는 어쩔 줄을 몰라 하며 우는소리를 했다.

"아, 맞다. 의술 스승님이 있잖아. 스승님께 여쭤보자."

자래가 소리쳤다.

"그래. 스승님이라면 분명히 코를 고칠 방법을 아실 거야."

천년손이와 자래, 수아는 밖으로 우르르 몰려 나갔다. 셋은 원래 모습으로 돌아오자마자 신선들이 연락할 때 쓰는 손거울, 선경을 꺼내 들고 마구 문질렀다. 선경이 부르르 떨리더니 의술 선생의 모습이 떠올랐다.

"스승님, 스승님!"

천년손이가 소리쳤다.

"그래, 글자들은 잘 모으고 있느냐."

의술 선생의 얼굴에 홍조가 돌았다. 안색이 지난번보다 한결 나아 보였다.

"네, 스승님. 열심히 모으고 있어요."

천년손이가 깨달음의 두루마리를 가볍게 흔들었다.

"스승님, 저희 도술도 **전과 비교도 안 될 정도로 눈에 띄게 실력이 늘었어요. 괄목상대**(刮目相對)라고나 할까요."

자래가 빙긋이 웃었다.

"인간 세상에 흩어진 글자들을 더 모으면 앞으로도 **일취월장**(日就月將)하여 **날이 가고 달이 갈수록 실력이 더욱 훌륭해질 것**이다."

의술 선생이 말했다.

"너희들 덕분에 신선 사부들도 하나둘 깨어나고 있다. **천만다행**(千萬多幸)이지."

"정말로 **매우 다행**입니다. 스승님."

천년손이와 수아, 자래의 얼굴이 환하게 밝아졌다.

"그런데 아무리 찾아도 노상군이 보이질 않는구나."

의술 선생이 쯧쯧 혀를 찼다.

"스승님, 틀림없어요. 노상군이 검은 매화단하고 손을 잡고 비밀의 문을 연 거예요."

천년손이가 말했다.

닥락궁에는 인간계와 선계를 이어 주는 비밀의 문이 있다. 이 문은 함부로 열거나 닫을 수 없도록 닥락궁 깊숙한 곳에 숨겨져 있었다. 검은 매화단은 무슨 수를 썼는지 이 비밀의 문을 통해서 닥락궁에 쳐들어왔다. 의술 선생이 **살신성인**(殺身成仁)하여 **자신을 희생**해 가면서 문을 닫지 않았다면 닥락궁은 더 큰 위험에 빠졌을 것이다.

"노상군은 **사사건건**(事事件件) 번번이 사람들을 **안하무인**(眼下無人)으로 **업신여기고 무시**했습니다. 노상군 아니면 그런 짓을 할 신선 후보생이 누가 있겠어요."

"맞아요. 그러지 않고서는 인간 세상에 있던 검은 매화단이 어떻게 선계까지 쳐들이올 수 있었겠어요."

수아도 천년손이의 말에 맞장구쳤다.

"노상군도 닥락궁에서 도술을 배우는 신선 후보생 아니냐. 친구에 대해 섣부른 판단을 해선 안 된다."

 의술 선생은 깊은 한숨을 내쉬었다.

 "으으음, 그건 그렇고, 어쩌다가 코가 그 지경이 된 게냐."

 의술 선생은 뾰족하게 솟은 천년손이의 코를 가리키며 의아하다는 듯 물었다.

 "하아, 그게…… 이러쿵저러쿵해서 요술 부채가…… 그렇

게 됐습니다."

천년손이는 손짓발짓을 해 가면서 한참을 설명했다.

"그렇다면 네 코는 의술로 고칠 수 없다. 그 부채엔 도술이 걸려 있어."

"에에엥? 그럼 어떻게 해요?"

천년손이가 놀라서 물었다.

"그런 요술 부채라면, 알 만한 사람이 딱 하나 있지."

"누구요?"

천년손이와 자래, 수아가 동시에 외쳤다.

"누구긴, 나지."

의술 선생의 옆에서 한 남자가 모습을 드러냈다. 남자의 모습을 본 천년손이와 자래, 수아는 놀라서 입이 떡 벌어졌다.

 **변신 선생의 조언**
이구동성(異口同聲)

바로 닥락궁에서 변신술을 가르치는 변신 선생이었다.

"스승님!"

천년손이와 수아, 자래가 **이구동성**(異口同聲)으로 동시에 소리쳤다.

"스승님, 제 코 좀 보세요. 이거 어떻게 해요."

"스승님, 인간 세상에 글자들이 다 흩어졌어요!"

"검은 매화단 녀석들 좀 혼내 주세요."

천년손이와 자래, 수아가 앞다퉈 하소연하자 의술 선생이 앞을 막아섰다.

"안타깝지만, 변신 선생은 아직 도력을 제대로 쓸 수 없다. 검은 매화 독을 다 해독하지 못했어. 더 치료해야 해."

의술 선생은 그만 조르라는 듯 부드럽게 고개를 저었다.

"대신 너희가 궁금해하는 부채에 대해 이야기해 줄 수는 있지."

변신 선생이 말했다.

"스승님은 이 부채에 대해 알고 계시는 거예요?"

"알다마다……."

변신 선생이 스으윽, 하는 소리와 함께 작은 참새로 변해서 의술 선생의 어깨에 살포시 올라앉았다.

"……내가 만든 건데."

천년손이와 수아, 자래는 눈이 동그래졌다.

"그 부채를 변신 스승님이 만드셨다고요?"

"당연하지. 그런 변신 부채를 선계에서 나 말고 누가 만들 수 있겠느냐."

변신 선생이 찍찍거렸다.

"그 변신 부채가 왜 지금 인간 세상에 있는 건데요?"

"검은 매화단이 닥락궁에 쳐들어왔을 때 훔쳐 갔겠지. 어찌 된 영문인지는 모르겠지만, 그 부채가 심술귀 손에 들어간 모양이다."

변신 선생이 말했다.

"스승님, 그런데 왜 코가 길어지는 부채를 만드셨어요?"

수아가 물었다.

"사실은 휴대용 변신 도구를 개발하다가 그렇게 됐다. 부채에 변신술을 집어넣다가 그만 살짝 실수를 했지 뭐냐."

변신 선생이 겸연쩍어하면서 말했다.

"살짝이요?"

자래가 눈을 가늘게 뜨면서 물었다.

"그래. 어쩌다 보니 코만 길어지지 뭐냐. 어쩔 수 없이 부채의 변신술을 돌려놓는 또 다른 변신술 부채를 만들어야 했다."

"그게 혹시 빨간 부채예요?"

핑, 하는 소리와 함께 비둘기가 된 변신 선생은 하늘을 휘휘 맴돌더니 땅으로 내려왔다.

"그럼 빨간 부채 없이는 이 코가 안 줄어든단 말이에요?"

천년손이가 변신 선생에게 물었다.

"당연하지. 내가 괜히 변신 선생이겠느냐. 내가 걸어 놓은 변신술을 누가 감히 사라지게 할 수 있겠어. 하하하."

변신 선생은 뿌듯한 표정으로 웃었다.

"스승님, 웃을 일이 아니에요. 전 이제 어떻게 해요."

천년손이가 울상이 되어 말했다.

"어떻게 하긴, 빨간 부채로 부쳐야지."

"스승님, 빨간 부채를 찾으면 사람들의 코도 원래대로 돌려놓을 수 있겠네요?"

"그럼, 그럼."

변신 선생은 펑, 하는 소리와 함께 조그만 청개구리로 변신해서 의술 선생의 머리 위를 뛰어다녔다.

폐강된 수업과 사라진 스승님
망연자실(茫然自失)

"아이고, 정신 사나워. 이제 그만 좀 하시지요."

의술 선생이 고개를 절레절레 저었다.

"의술 선생도 한번 해 보시오. 지루하고 재미없는 의술만 연구할 게 아니라, 신나고 재미있는 변신술도 연습하시구려."

변신 선생은 몇 번이고 귀뚜라미, 나비 등으로 변신했다.

"스승님, 검은 매화단 단주도 변신술을 잘해요. 다른 사람으로 감쪽같이 변신한다니까요."

기기 막힌 변신술을 지켜보던 수아가 마침 생각이 났다는 듯이 말했다.

"설마 나보다 변신술을 잘한단 말이냐?"

변신 선생은 어느새 복면을 쓴 남자의 모습으로 변신해 있었다.

"으음……, 스승님과 **막상막하**(莫上莫下) 같은데요?"

자래가 솔직하게 대답했다.

"**막상막하**(莫上莫下)가 뭔데?"

천년손이가 작은 소리로 물었다.

"누가 낫고 못하고를 가릴 수 없을 만큼 실력이 엇비슷하단 뜻이다."

의술 선생이 자래 대신 대답했다.

"그럴 리가!"

변신 선생은 눈썹을 치켜올렸다.

"정말이에요, 스승님. 지난번에도 검은 매화단 단주가 인간으로 감쪽같이 변신했어요."

천년손이도 맞장구쳤다.

"스승님, 검은 매화단 때문에 걱정이에요. 저희를 도와줄 사람이 이곳에는 아무도 없는 걸까요."

수아가 물었다.

"으음, 이백 년 전에 인간계로 내려간 신선이 한 사람 있긴 한데……."

의술 선생이 한참 고민하다가 말했다.

"그게 누군데요?"

"너희들이 닥락궁 도술학교에 입학하기 전에 '소원성취술'이라는 과목을 가르치던 교과 전담 선생이었다."

"소원성취술이요? 그런 도술은 처음 듣는데요?"

자래와 천년손이, 수아가 놀란 눈으로 물었다.

"당연하지. 없어진 과목이니까."

변신 선생이 말했다.

으음, 하는 소리가 천년손이와 수아, 자래의 입에서 흘러나왔다.

"소원성취술은 소원을 들어주는 도술이다. 하지만 인간들의 소원은 **시시각각**(時時刻刻) 그때그때 바뀐다. '이렇게 해 주세요' 했다가 '저렇게 해 주세요' 했다가 '아, 이게 좋겠어요' 했다가 '아니, 저게 좋을 것 같아요'라고 하지. 그 까다로운 걸 들어줘야 하는데 그게 이디 쉬운 일이겠느냐. 정말이지 변신술만큼이나 어려운 도술이라고나 할까."

변신 선생이 중얼거렸다.

"아무리 열심히 연습해도 점수를 잘 받기 어려운 도술이었다. 결국 가장 인기 없는 도술이 되었다가 나중엔 아예 없어지게 되었지."

의술 선생이 설명을 덧붙였다.

"그럼 소원성취술을 가르치시던 신선 사부님은 어떻게 됐어요?"

"닥락궁 도술학교에서 명예퇴직을 하고 인간계로 내려갔다. 요즘 인간계에서 산신령이 되었다더구나. 그런데……."

"그런데요?"

"흐으음, 닥락궁에서 온 신선 후보생인 줄 알면 도와주려 하지 않을 것이다. 닥락궁 도술학교에서 명예퇴직을 한 이유가 다 신선 후보생들이 소원성취술을 안 좋아했기 때문이니까 말이다."

"앗, 그럼 어떻게 하지요?"

"흐음, 방법이 하나 있다. 내가 알려 주는 대로 하면 그 산신령이 **가만히 손 놓고 지켜보면서 수수방관**(袖手傍觀)하진 않을 게다."

그 사이 사마귀로 변신한 변신 선생이 앞다리를 치켜들었다.

"그 방법이 뭔데요."

"깨달음의 두루마리가…… 너…… 희를…… 지지직…… 검은 매화단보다 먼저…… 그때…… 지지직…… 아주 간단하게…… 해결……."

하지만 선경은 금세 먹통이 돼 버렸다.

"스승님! 스승님!"

아무리 불러도 선경에선 대답이 없었다.

"꼭 이렇게 중요한 이야기를 할 때 선경이 끊어지더라."

자래와 수아, 천년손이는 할 말을 잃은 듯 **망연자실(茫然自**

失)한 표정으로 한숨을 내쉬었다.

"그러지 말고 부채를 뺏어 버리자. 둘 다 심술귀인데, 뭘 고민해."

"스승님이 알려 주신 산신령님을 먼저 만나 봐야 하지 않을까?"

"에이, 산신령님이 어디에 있는지도 모르잖아."

천년손이와 자래가 머리를 맞대고 소곤거렸다.

그새 동이 트고 있었다. 수아의 여우 귀가 쫑긋거렸다.

"어서 가세. 오늘은 우리가 제일 빨리 줄을 서야 하네."

"그나저나 복순네는 어찌 됐다던가요. 내일이 혼례 날인데 코가 그리 돼서 어쩐대요."

"말도 마시오. 복순이가 코를 비틀고 꼬집고 죽네 사네, 난리도 그런 난리가 없었답디다, 쯧쯧."

"어쩌다가 이런 돌림병이 돌았는지, 원. 아무튼 어서 갑시다요."

사람들이 동이 트기 무섭게 의원의 집으로 모여들고 있었다.

"사람들이 줄을 서러 가는 모양이에요. 우리도 빨리 움직여야겠어요."

수아가 소곤거렸다.

"여기서 흩어지자. 난 검은 매화단을 쫓아갈게. 천년손이랑 수아는 의원 부부에게서 빨간 부채를 가져와. 근처에 글자들이 있으면 글자들도 찾아오고."

자래가 말했다.

"좋아. 서두르자. 자래야, 조심해."

"너도."

천년손이가 두루마리를 펼쳐 들었다.

"검은 매화단이 있는 곳으로 안내해 줘."

깨달음의 두루마리에서 눈부신 황금빛이 뿜어져 나왔다. 자래는 두루마리로 빨려 들어갔다. 천년손이와 수아는 두루마리를 챙겨서 의원의 집으로 향했다.

아이고, 저를 어째.
정말 **첩첩산중(疊疊山中)**이지 뭐야.
힘들게 산을 하나 넘으면
다른 산이 또 나타난단 말이지.

지난번 사막에서 간신히 살아남았는데,
이번엔 천년손이의 코가 길어지고 말았어.
이를 어쩌면 좋지?
게다가 인간들의 코도 다 길어져서
저들도 구해 줘야 하는데 말이야.

그래, 맞아. 천년손이 삼인방이
빨간 부채를 한시라도 빨리
손에 넣어야 해.
부채 말고도 좋은 방법이 생각나면
너희 신선 후보생들도
나한테 꼭 말해 줘야 해.

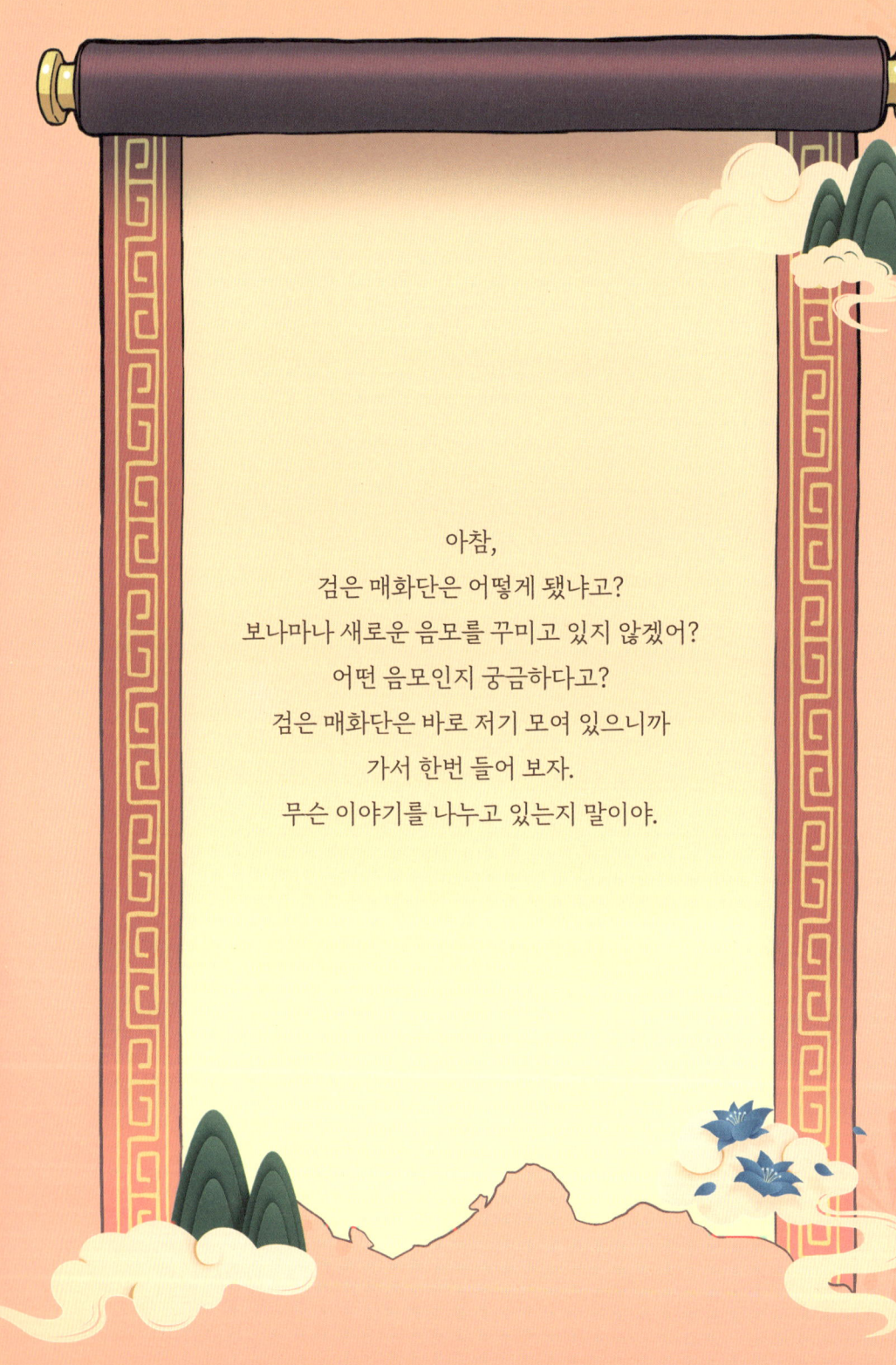

아참,
검은 매화단은 어떻게 됐냐고?
보나마나 새로운 음모를 꾸미고 있지 않겠어?
어떤 음모인지 궁금하다고?
검은 매화단은 바로 저기 모여 있으니까
가서 한번 들어 보자.
무슨 이야기를 나누고 있는지 말이야.

9 검은 매화단의 오만한 착각
삼고초려(三顧草廬)

검은 매화단은 울창한 숲 한가운데의 자그마한 연못 앞에 모여 있었다. 맑은 연못에는 신비한 기운이 감돌았다. 자래는 커다란 나무 뒤에 숨어서 검은 매화단이 나누는 이야기를 몰래 엿들었다.

"닥락궁의 신선 후보생 녀석들은 아직 사막에서 헤매고 있겠지?"

단주가 물었다. 부단주는 대답 대신 품에서 선경을 꺼냈다. 선경에는 가짜 천년손이와 자래, 수이가 사막에 힘없이 쓰러져 있는 모습이 떠올라 있었다.

"단주님, 녀석들은 신경 쓰지 않으셔도 됩니다."

부단주가 말했다.

"녀석들은 두루마리도 없고 도력도 바닥이 났습니다. 그 상태로 우리 검은 매화단에 맞서는 건 **사마귀가 앞다리를 들고 바퀴에 달려드는 꼴**이지 않습니까? **당랑거철**(螳螂拒轍)이 따로 없습니다."

"맞습니다. 닥락궁 신선 후보생들은 **백면서생**(白面書生)처럼 **얼굴이 허애지도록 공부만 했지, 세상일엔 아무 경험도 없습니다**."

검은 매화단이 앞다퉈 단주의 비위를 맞추는 말을 해 댔다. 기분이 좋아진 듯 단주의 굳어 있던 얼굴이 부드러워졌다.

"깨달음의 두루마리를 손에 넣었으니, 이제 남은 글자들을 모두 회수하고 선계를 정복하는 일만 남았다. 닥락궁의 일곱 상급 신선이 검은 매화 독에 중독된 틈을 타 **파죽지세**(破竹之勢)처럼 **거침없이 쳐들어가야** 한다."

"네, 단주님!"

검은 매화단이 한목소리로 대답했다.

"이 연못을 지키는 산신령이 깨달음의 두루마리를 이용해 선계를 정복하는 방법을 가르쳐 줄 거란 말이지?"

"네, 닥락궁에서 교과 전담 선생으로 오래 있었다고 합니다. 분명 깨달음의 두루마리를 이용해 선계를 공격하는 방법도 알고 있을 겁니다."

부단주가 빠른 소리로 답했다.

"그런데……."

부단주가 단주의 눈치를 보면서 말끝을 흐렸다.

"그런데?"

단주의 눈썹이 살짝 치켜 올라갔다. 어디선가 풍풍, 하고 물새가 우는 소리가 들려왔다.

"산신령에게 부탁하려면 절차가 까다롭다고 합니다."

자래의 귀가 쫑긋 섰다. 아까 변신 선생이 미처 말하지 못

했던 바로 그 이야기였다.

"절차라고?"

"네, 연못에 도끼를 던지면 산신령이 나타나는데, 산신령의 질문에 바른 대답을 해야 한다고 합니다. 산신령은 세 번 질문하는데, 반드시 세 번 모두 제대로 답해야만 원하는 걸 들어준다고 합니다."

아하, 하는 소리가 자래의 입에서 새어 나왔다.

"뭐? 우리 검은 매화단더러 산신령에게 **삼고초려(三顧草廬)**라도 하란 말이냐. 세 번이나 조르고 졸라야 간신히 부탁을 들어주다니."

단주의 목소리에서 언짢은 기색이 느껴졌다.

"잠시만 기다려 주십시오. 제가 어떻게든 두루마리에 대해 알아내겠습니다."

당황한 부단주의 목소리가 살짝 떨렸다.

"도끼를 가져오너라."

부단주가 손을 까딱거렸다. 검은 매화단이 기다렸다는 듯 도끼를 가져왔다. 금도끼, 은도끼, 쇠도끼였다.

"단주님, 어떤 도끼를 먼저 던져야 할지……."

부단주가 머뭇거렸다.

"우리처럼 훌륭한 악당이라면 당연히 금도끼지, 뭘 망설이는 게냐."

단주가 무뚝뚝한 소리로 말했다.

"네. 단주님!"

부단주는 금도끼를 연못에 휙 던졌다. 첨벙, 소리가 나면서 깊은 연못으로 도끼가 가라앉았다.

잠시 뒤 긴 머리를 휘날리면서 늠름한 모습의 산신령이 나타났다. 산신령의 손에는 금도끼가 들려 있었다. 산신령이 금도끼를 부단주에게 건네면서 부드러운 소리로 물었다.

"이 도끼가 네 것이냐."

"네, 산신령님, 그렇습니다."

부단주는 고개를 숙인 채 공손하게 답했다.

"어허, 악당이 무슨 예의를 차리는 것이냐."

단주가 못마땅하다는 듯 이마를 찌푸렸다. 부단주가 단주의 뜻을 눈치채고 얼른 말을 바꾸었다.

"……기 아니라 음, 음, ……그렇다."

"뭐어? 그렇다?"

부단주가 반말로 대답하자, 산신령이 무뚝뚝한 소리로 되물었다.

"그래, 그렇다."

부단주가 힘주어 대답했다.

"그렇다아아아?"

산신령의 눈썹이 빳빳하게 곤두섰다.

"어허, 도대체 누구기에 이리도 버릇이 없는고."

산신령은 못마땅한 듯 혀를 찼다.

"우릴 모른단 말이냐. 우린 **천하제일**(天下第一) 악당, 검은매화단이다."

부단주가 단주의 눈치를 살피면서 말했다.

"고얀 놈."

산신령은 노여워하면서 연못으로 쏙 들어가 버렸다.

"뭐 하는 것이냐. 다시 도끼를 던져라."

단주의 말에 부단주가 서둘러 은도끼를 던졌다. 자욱한 물안개와 함께 산신령이 다시 나타났다. 산신령은 부단주에게 은도끼를 건냈다.

"이 도끼가 네 것이냐."

"예에, 제 것입니다. 아참, 그게 아니지, 흠흠, 내 것이다."

부단주가 으스대면서 말했다.

"……내 것이다아아아?"

산신령이 눈을 홉뜨고 되물었다.

"그렇다. 이 도끼들뿐 아니라 선계와 인간계도 모두 우리 검은 매화단이 차지할 것이다."

단주가 나서서 말했다. 산신령은 사납게 콧김을 내뿜었다.

"어허, 버릇없기가 **난형난제(難兄難弟)**구나. **누가 낫고 누가 못하고를 따질 수가 없어.** 맘대로 하거라. 난 아무것도 못 들어주겠으니."

산신령은 그 말을 끝으로 들고 있던 금도끼와 은도끼를 단주에게 던져 버리더니 연못으로 들어가 버렸다. 부단주가 놀라서 물었다.

"단주님, 쇠도끼를 마저 던질까요?"

"됐다. 산신령 도움은 필요 없다. 산신령 따위에게 **애걸복걸(哀乞伏乞) 도와 달라고 사정하거나 부탁**하지 않겠다. 우리 힘으로 선계를 치면 된다."

단주는 검은 망토를 휘날리면서 도끼들을 내던졌다. 날아간 도끼들은 자래가 숨어 있던 나무 기둥에 퍽퍽, 소리를 내면서 나란히 꽂혔다. 단주는 흥, 하고 콧방귀를 뀌더니 깨달음의 두루마리를 펼쳐 들었다.

"두루마리여, 글자들이 있는 곳으로 안내해라."

깨달음의 두루마리에는 의원의 집이 나타났다.

"남은 글자들을 마저 회수한다."

단주가 말했다.

"네, 단주님!"

검은 매화난은 순식산에 깨달음의 두루마리 속으로 사라져 버렸다.

자래는 천천히 연못 앞으로 걸어 나왔다.

"호오, 이거야말로 **천우신조(天佑神助)**인데? **하늘과 땅의 신령이 돕는 것** 같아. 검은 매화단이 산신령님을 부르는 방법까지 친절하게 가르쳐 주었으니까 말이야."

자래의 소매에 들어 있던 여의주가 둥둥 떠올라 숲을 환하게 밝혔다.

 **의원 부부의 위기**
사면초가(四面楚歌)

창밖으로 참새들이 짹짹거렸다. 늦잠을 잔 의원은 불룩한 배를 두드리면서 창문을 열었다.

"히히. 오늘도 줄을 꽤 길게 섰군."

의원은 밖을 내다보고는 몹시도 기분 좋게 웃었다. 새끼 고양이로 변신한 수아가 의원과 부인을 구석에서 몰래 지켜보고 있었다. 천년손이는 금방울로 변신해서 수아의 목에 대롱대롱 달려 있었다.

"첫 번째 환자 들어오시오."

의원의 부인이 큰 소리로 외쳤다. 나이가 지긋해 보이는 아저씨와 아주머니가 복면을 쓴 꼬마를 하나 데리고 다급하게 들어왔다.

"의원님, 우리 순돌이가 글쎄, 이렇게 코가 기다래진 다음부터 밥도 안 먹고 물도 안 마시고 울기만 합니다."

부인은 꼬마의 복면을 슬쩍 들추었다. 한 뼘 넘게 자라난 코가 삐죽이 모습을 드러냈다.

"아이고, 흉측해라."

부인이 혀를 끌끌 찼다.

"환자 상태는 봤으니, 얼마 낼 것인지나 말해 보시오."

의원이 귀찮다는 듯 말했다.

"그게……. 지난번 치료 때 의원님께 가진 돈을 다 드려서 남은 게 하나도 없습니다."

"없어? 없으면 몸으로 때워야지. 안 그래도 청소와 설거지, 빨래를 할 사람이 없어서 고민이었소. 앞으로 이곳에서 매일 청소, 설거지, 빨래를 하시오."

"우리 순돌이만 고쳐 주신다면 암요, 하겠습니다. 의원님."

순돌이 다음에도 환자들은 끝없이 몰려들었다. 사실은 밤 사이 의원과 부인이 요술 부채로 코를 길어지게 만든 환자들이었지만 말이다. 의원은 건성으로 대답하고 대충 가짜 약을 지어서 보냈다.

"다음 환자 들어오시오."

부인은 귀찮다는 듯 소리쳤다. 잠시 뒤 문이 벌컥 열리더니 눈매가 사나워 보이는 남자 둘이 방으로 들어섰다. 검은 복면을 한 남자들이었다. 하나는 키가 크고, 하나는 키가 작았다. 순간 수아는 자신도 모르게 야옹, 하는 소리를 낼 뻔했다.

"코 때문에 왔소?"

의원은 두 사내를 힐끔 쳐다보았다.

"……."

아무런 대답도 없었다.

"어허, 코 때문에 왔냐니깐."

의원이 짜증 섞인 목소리로 다시 물었다.

"그대가 코가 길어지는 병을 잘 고쳐 주기로 유명한 명의(名醫), 맞소?"

키 작은 사내가 무뚝뚝하게 물었다.

"그렇소. 나 말고는 그 병을 고쳐 줄 의원은 없지. 허허."

의원은 입을 삐죽거리면서 웃었다.

"과연 어떤 약을 쓰는지 궁금하군."

키 큰 사내도 무뚝뚝하기 그지없었다.

"알 것 없소. 그건 나만 아는 만능 해독제 같은 거라고나 할까. 후후."

염소수염을 만지작거리면서 의원이 대답했다.

"그 만능 해독제란 게 얼마요?"

"금화 백 냥만 내시구려."

의원 부인이 거들먹거리면서 말했다.

"뭐, 백 냥?"

키 큰 사내가 콧방귀를 뀌더니 기다란 소매를 휘저었다. 순간 펑, 하는 소리와 함께 하얀 연기가 모락모락 피어올랐다. 연기 사이로 모습을 드러낸 건 검은 매화단 단주였다.

"누, 누구요?"

단주와 부단주는 들은 척도 하지 않고 손가락을 가볍게 튕겼다. 창문이란 창문은 모조리 콰콰쾅, 소리를 내면서 닫혔다. 의원은 흠칫 놀라서 몸을 떨었다.

"뭐, 뭐 하는 짓이요."

"……이제야 좀 궁금해졌나? 아깐 쳐다보지도 않더니만."

부단주는 **전광석화**(電光石火)처럼 매우 빠르게 의원에게 다가가 목을 졸랐다.

"허, 허허……, 왜, 왜 이러시오."

의원이 버둥거리면서 팔을 휘저었다.

"단주님, 수염에 글자들이 숨어 있습니다."

부단주가 의원의 염소수염을 가리켰다.

"그럴 줄 알았다. 두루마리가 우릴 그냥 안내했을 리 없지."

아까는 보이지 않던 글자들이 의원의 염소수염 사이로 모습을 드러내고 있었다. 지금껏 때가 되지 않아 글자들이 나타나지 않은 모양이었다. 수아와 천년손이는 눈이 동그래졌다.

"……왜, 왜 이러시오. 우린…… 잘……, 잘못한 게 없……, 없습니다……."

의원은 너무 놀라서 말을 더듬었다.

"뭐, 잘못이 없다고?"

단주가 훗, 하고 웃었다.

"예. 제……, 제가 뭘 잘못했다고 이러시는 겁니까. 저는 그저 코가 길어진 사람들을 **성심성의**(誠心誠意)껏 온 마음을 다해서 진실하게 도와주었을 뿐이오."

"우리 의원님은 환자들 상태가 나빠지지 않도록 애쓰셨는데, 다들 어찌 이러시는 게요!"

부인이 나서서 말렸다.

"그러는 너는 누구냐. 혹시 이 심술귀의 부인이라도 되는 것이냐."

단주가 날카롭게 쳐다보며 낮은 소리로 물었다.

"어, 그게……, 그렇……, 아니, 난 이 사람이랑 아무 상관없어요."

겁에 질린 부인은 뒷걸음질하면서 손을 내저었다.

"그래? 그럼 넌 우리가 상관할 바가 아니군."

부인은 얼른 뒤로 물러섰다.

"아니, 부인, 어디 가시는 거요."

의원이 놀란 눈으로 손을 뻗었다.

"부인이라니요. 난 아무것도 모르오."

부인은 매몰차게 고개를 돌렸다.

"자……, 잘못했습니다. 사……, 살려 주십시오."

"이 집은 이미 우리 검은 매화단이 둘러싸고 있다. 널 도와줄 사람은 어디에도 없지. 이런 걸 네 글자로 뭐라고 하는지

아느냐. 네 수염에 붙어 있는데 말이다."

그때 수아가 나서서 큰 소리로 외쳤다.

"**사면초가**(四面楚歌), 사방이 적으로 둘러싸여 도와줄 이가 없다!"

순간 번쩍하고 황금빛이 뿜어져 나오면서 수염에 붙어 있던 글자들이 두루마리로 빨려 들어갔다.

"어, 저건 신선 후보생 녀석들?"

"왜 여기에 저 녀석들이 있는 거지?"

단주와 부단주가 놀라서 멈칫거리는 사이, 수아가 의원 부부를 향해 주문을 외쳤다.

"생쥐로 변해라, 얍!"

의원은 펑, 소리와 함께 작은 생쥐로 변신했다. 하지만 마침 뒤로 한 발짝 물러서 있던 부인은 주문을 피할 수 있었다.

수아는 급한 대로 생쥐로 변한 의원만 입에 문 채 창밖으로 풀쩍 뛰어내렸다.

"으아아악!"

생쥐로 변한 의원이 비명을 질러 댔다.

"저 고양이를 잡아라!"

단주가 소리쳤다. 검은 매화단이 지붕에서 뛰어내려 수아를 잡으러 달려왔다. 수아는 의원을 입에 문 채 검은 매화단을 요리조리 피해서 **삼십육계**(三十六計) **줄행랑**을 쳤다.

"오라버니, 사람들이 쓰러져 있어요."

수아가 동네를 빠져나가면서 전음으로 말했다. 의원의 집 앞에 줄을 서 있던 사람들이 모두 길바닥에 쓰러져 있었다.

"다들 잠들었잖아? 검은 매화단이 손을 쓴 모양이야."

"오라버니, 이제 어디로 가지요?"

"숲은 어때? 구미호족은 숲에서 더 빨라지잖아."

"좋아요!"

수아는 숲으로 내달렸다. 숲에 들어서는 순간 수아의 몸에서 힘이 솟아났다. 축지법이라도 쓰는 것처럼 수아의 발이 빨라졌다.

11 산신령의 세 가지 질문
괄목상대(刮目相對)

얼마나 달렸을까. 쫓아오던 검은 매화단이 보이지 않았다.

"오라버니, 이제 안 따라오는 거 같아요."

펑, 하는 소리와 함께 천년손이와 수아는 본래 모습으로 돌아왔다.

"여긴 어디지?"

"잘 모르겠어요."

수아도 처음 와 보는 숲이었다.

"다른 동물들한테 물어보면 어때? 넌 구미호족이라서 동물들의 말을 알아듣잖아."

수아가 휘이이익, 하고 휘파람을 길게 불자 어디선가 작은 물새 한 마리가 날아와 수아의 어깨에 내려앉았다. 수아가 퐁퐁, 하고 물새 소리를 흉내 내자 물새도 퐁퐁, 하고 답했다. 천년손이는 행여나 놓칠세라 생쥐로 변한 의원의 꼬리를 움켜쥐었다. 의원은 대롱거리면서 천년손이의 손가락을 꽉 깨물었지만, 천년손이는 의원을 놓아주지 않았다.

"오라버니, 이 근처에 연못이 있는데 거기에 검은 옷을 입은 수상한 사람들이 몰려왔다가 어디론가 사라졌대요."

"검은 매화단인가? 그럼 자래도 근처에 있겠는데?"

수아는 퐁퐁 소리를 내면서 물새에게 몇 가지를 더 물었다.

"고마워. 우릴 거기까지 안내해 줄래?"

물새는 포르르 날아올랐다. 수아 바로 앞에서 퐁퐁 소리를 내면서 날갯짓을 하는 걸로 보아 따라오란 뜻이었다. 물새는 천년손이와 수아, 그리고 생쥐로 변한 의원을 연못으로 데려갔다. 연못가에는 예상대로 자래가 있었다.

"어떻게 된 거야?"

손에 금도끼, 은도끼, 쇠도끼를 들고 있던 자래가 물었다.

"여기에 검은 매화단이 왔던 거지?"

천년손이가 물었다.

"응. 여기가 스승님이 알려 주신 그 산신령님이 있는 연못이야. 연못에 도끼를 던지면 산신령님이 나타나실 거야."

"그럼 어서 도끼를 던지자."

천년손이는 더 생각하지 않고 자래에게서 금도끼, 은도끼, 쇠도끼를 받아 들어 연못에 힘껏 던졌다. 풍덩, 소리와 함께 도끼들은 연못 깊이 가라앉았다. 잠시 후 자욱하게 물안개가 끼더니, 곧 산신령이 나타났다.

"이 도끼가 네 것이냐."

산신령은 금도끼를 든 채 검은 매화단에게 물었던 것처럼 물었다.

"안녕하세요. 산신령님. 그 금도끼는 제 것이 아니에요."

천년손이는 공손하게 대답했다.

"허허허. 예의 바른 아이로군. 그럼 이 도끼가 네 것이냐."

산신령은 자래에게 은도끼를 내밀면서 물었다. 자래가 천천히 고개를 저었다.

"아니요. 산신령님. 그 은도끼는 제 도끼가 아닙니다."

자래의 예의 바른 대답에 산신령은 한층 더 부드러운 표정이 되었다.

"허허, 정직한 아이로구나. 너의 정직하고 떳떳한, **정정당당(正正堂堂)**한 모습이 마음에 쏙 드는군. 그럼 이 쇠도끼가 네 것이냐."

산신령이 수아에게 물었다.

"아니요. 산신령님. 금도끼, 은도끼, 쇠도끼 모두 저희 것이 아닙니다. 방금 이 숲에서 주웠거든요."

수아가 솔직하게 대답했다.

"허허허. 오랜만에 바른 아이들을 만났군."

산신령은 웃으면서 물 위를 가볍게 걸어 다녔다.

"좋다. 세 가지 질문에 모두 예의 바르고 정직하게 대답했으니, 원하는 게 있거든 말해 보거라."

"사실은 산신령님께 드릴 말씀이 있습니다."

천년손이가 머리를 긁적였다.

"저희는 닥락궁에서 도술을 배우는 신선 후보생들입니다."

"뭐어, 닥락궁?"

산신령은 눈썹을 치켜올렸다.

"내 도술이 어렵고 복잡하다면서 쫓아낼 땐 언제고, 이제 와서 나한테 부탁이라도 하려고?"

산신령은 흥, 하는 소리와 함께 다시 물속으로 들어가려 했다.

"아, 스승님, 그게 아닙니다."

자래가 다급하게 말했다.

"스…… 스승님? 방금 스승님이라고 했느냐."

스승님이라는 말에 산신령의 표정이 미묘하게 달라졌다.

"비록 저희가 직접 배운 건 아니지만, 닥락궁에서 교과 전

담 선생으로 다른 신선 후보생들을 가르치셨으니 저희도 스승님이라고 불러야 마땅하지 않겠습니까."

자래의 예의 바르고 영리한 말에 산신령의 화난 마음이 슬그머니 누그러졌다.

12 드디어 찾은 실마리
지피지기(知彼知己)

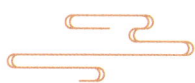

　닥락궁에서의 추억을 떠올리던 산신령이 갑자기 멈칫하더니 무언가 생각난 듯 어렵게 말을 꺼냈다.

　"아참, 흠흠, 음……. 그……, 궁술 선생은 잘 계시느냐? 내가 닥락궁에 있을 때만 해도 **천하절색(天下絕色)**으로 선계에서 유명하셨는데 말이다."

　산신령의 귓불이 빨개졌다.

　"스승님은 잘 계세요. 이 구미호족 수아가 궁술 스승님이 가장 아끼는 수제자랍니다. 하하하."

　수아가 활을 쏘는 시늉을 해 보였다.

"스승님, **천하절색**(天下絕色)이 뭐예요?"

천년손이가 **천진난만**(天眞爛漫)하게 물었다. 천년손이의 아무것도 모르는 꾸밈없는 표정에 산신령은 헛기침을 해 댔다.

"아, 허험, 허허험. ……**천하절색**(天下絕色)이란 몹시 아름다운 미인을 말하는 것이다. 허, 허허허……."

산신령은 어찌나 부끄러워하는지 얼굴이 온통 붉어졌다.

"이번에 검은 매화단이 쳐들어왔을 때, 궁술 스승님도 검은 매화 독에 중독되셨어요. 정말 걱정이에요."

자래가 말했다.

"하아아, 도력이 그렇게나 막강한 궁술 선생도 중독됐다니, 정말로 큰일이군."

산신령은 궁술 선생이 아프단 소식에 표정이 심각해졌다.

"그렇다면 너희는 닥락궁을 되돌릴 방법을 찾는 것이냐?"

"으음, 저희는 깨달음의 두루마리에 글자들을 모으고 있어요. 하지만 검은 매화단이 벌써 두 번이나 저희를 엉뚱한 곳으로 데려갔습니다. 이번에도 사막에서 크게 당할 뻔했고요."

"흐음, 옛말에 이런 말이 있다. 적을 알고 나를 알면 백 번 싸워 백 번 모두 이긴다. 이걸 어려운 말로는……."

"**지피지기**(知彼知己) **백전백승**(百戰百勝)이요?"

천년손이와 수아, 자래가 동시에 외쳤다.

"오호라, 어찌 그런 것을 다 아는 것이냐."

산신령은 기특하다는 표정으로 물었다.

"이 용족 친구 자래가 가르쳐줬어요. **박학다식**(博學多識)한 친구라서 아는 게 많거든요."

천년손이가 자래를 치켜세웠다. 자래는 쑥스러운 듯 얼굴을 붉혔다.

"스승님, 검은 매화단은 선계로 쳐들어갈 생각이에요. 저희가 어떻게 막지요? 인간들은 코가 길어져서 걱정인데, 코는 어떻게 되돌리고요."

"코는 또 왜."

천년손이와 자래, 수아는 인간 세상에서 있었던 일을 산신령에게 설명했다.

"그럼 이 생쥐가 그 심술귀란 말이지? 원래의 모습으로 돌아오거라."

산신령이 천년손이에게서 생쥐로 변한 의원을 건네받더니 입김을 후, 불고 중얼중얼 주문을 외웠다. 펑, 하는 소리와 함께 생쥐는 염소수염이 달린 의원의 모습으로 돌아왔다.

"살려 주십시오, 신선님들. 제가 반짝거리는 보물을 좋아해서 쬐끔……, 정말 아주 쬐애애애끔 욕심을 부렸을 뿐, 사람들을 해칠 생각은 없었습니다. 사람들 코도 다 되돌려주려고 했습니다요."

의원은 엎드려서는 손을 마구 비벼 댔다.

"욕심 많은 심술귀가 말도 많구나."

산신령이 가볍게 손가락을 튕겼다. 의원은 펑, 소리를 내면서 손바닥만 한 참붕어로 변하더니, 연못에 풍덩 떨어졌다.

"하하하. 사람들 괴롭히더니 쌤통이다."

수아와 자래, 천년손이는 참붕어로 변한 의원을 보면서 깔깔거렸다. 산신령의 손에는 의원의 목에 대롱대롱 달려 있던 빨간 부채가 남아 있었다.

"이 부채는 닥락궁의 변신 선생이 만든 것이다. 인간들의 손에 들어가면 안 될 위험한 물건이지."

"스승님, 제가 콩알만 하게 변신해 있을 때, 심술귀 녀석이 파란 부채를 부쳤어요."

"이 빨간 부채를 부치면 다시 작아질 것이다. 해 보거라."

천년손이는 빨간 부채를 코에 대고 살랑살랑 부쳤다. 코가 천천히 줄어들기 시작했다.

"수아야, 어때? 원래대로 돌아왔어? 자래야, 어때 보여?"

천년손이는 연못에 코를 비추면서 몇 번이고 물었다.

"똑같아. 예전으로 돌아왔어."

자래가 씽긋 웃었다.

"하아아. **천만다행(千萬多幸)**이야."

겉으론 태연한 척했지만, 속으론 어찌나 걱정했는지 모른다. 천년손이는 눈물을 글썽거렸다.

"그만하길 정말 다행이야."

산신령은 물 위를 걸어서 연못 밖으로 나왔다. 물새가 포로롱 소리를 내면서 산신령 주변을 맴돌았다.

"스승님, 감사합니다."

"고마워요. 스승님."

천년손이와 수아, 자래는 고개를 깊이 숙였다.

"혹시 닥락궁으로 돌아가게 되면……, 허허험……."

산신령은 얼굴이 또 붉어졌다.

"아, 닥락궁으로 돌아가면 궁술 스승님께 안부를 전해 드릴게요."

눈치 빠른 자래가 웃으면서 대답했다.

"허허허……."

산신령은 얼굴을 몇 번이고 붉히더니 서둘러 말을 이었다.

"허험, 깨달음의 두루마리는 능력이 **무궁무진**(無窮無盡)하다. **끝없이** 신비로운 기운과 힘이 흘러나오는 만큼 현명하게 잘 사용해야 한다."

산신령은 기다란 소매에서 반짝반짝 빛나는 은빛 부적을 하나 꺼냈다.

13 천년손이의 새로운 무기
정정당당(正正堂堂)

"이건 뭐예요?"

천년손이는 은빛 부적은 처음 보아서 고개를 갸우뚱했다.

"닥락궁에서 내가 가르치던 게 소원성취술이었다. 그건 알고 있느냐."

산신령이 말했다.

"네, 알고 있습니다. 스승님."

"천년손이야, 네 소원은 무엇이냐."

"소원이요? 으음……."

순간, 자래와 수아 머릿속에는 여

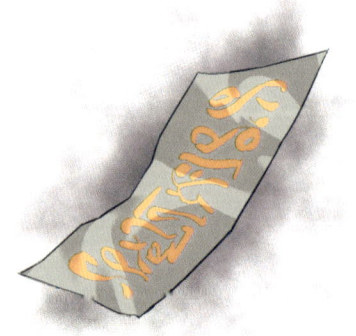

러 가지 것들이 스쳐 지나갔다. 깨달음의 두루마리를 원래대로 되돌리는 것, 검은 매화단이 사라지는 것, 닥락궁이 힘을 되찾는 것 등 빌고 싶은 소원이 많았다.

"검은 매화단에 맞설 무기를 하나 갖고 싶어요, 스승님. 검은 매화단은 도술도 잘하고 싸움도 잘한단 말이에요."

정작 천년손이 입에서 나온 것은 뜻밖의 말이었다.

"으으응? 무기라니?"

자래가 놀란 눈으로 물었다.

"오라버니, 닥락궁을 되돌려 달라고 했어야죠."

수아도 놀라서 말했다.

"아니, 난 **정정당당**(正正堂堂)하게 정직하고 떳떳한 방법으로 이길 거야."

천년손이가 자신감 넘치는 소리로 말했다.

"좋다. 너희들이 과연 검은 매화단을 이길 수 있을지 나도 지켜보겠다."

산신령은 웃으면서 은빛 부적을 천년손이에게 건넸다. 천년손이가 부적을 받아 드는 순간, 은빛 부적은 천년손이가 쥐고 있던 빨간 부채에 스며들었다.

"스승님, 부적이 없어졌어요!"

자래가 놀란 목소리로 말했다.

"없어지다니. 그럴 리가."

산신령은 부드럽게 웃으며 부채를 툭툭 건드렸다. 부채는 허공으로 두둥실 떠오르더니 화르륵 펼쳐졌다. 웅장한 기운이 넘실거리듯 흘러나오고 웅웅거리는 바람 소리가 났다.

"어머, 스승님, 부채에서 바람 소리가 나요."

수아가 놀란 눈으로 말했다.

"변신 선생의 변신술은 세상에서 가장 강력한 도술 중 하나다. 이 부채에 걸려 있는 변신술은 나도 없앨 수 없어. 다만, 그 강력한 변신술을 다른 형태로 바꿔 줄 수는 있다."

"어떻게요?"

천년손이도 궁금하긴 매한가지였다.

"이렇게 말이다."

산신령이 부채에 쓴 주문을 나직하게 외웠다.

"신비한 바람이여, 악을 물리쳐라."

산신령이 부채를 쥐고 살살 흔들었다. 힘을 전혀 주지 않고 살랑살랑 부쳤는데도 부채에서 휘이이익 하는 회오리바람이

생겨났다. 고요했던 숲에 거센 바람이 휘몰아쳤다. 바람이 어찌나 세고 강력한지 눈도 제대로 뜰 수 없었다. 수아와 자래는 몸이 저절로 몇 걸음씩 뒤로 밀려날 정도였다.

"우와, 스승님. 이게 무슨 조화지요?"

자래가 소매로 얼굴을 가리면서 외쳤다.

"스승님, 이게 저희에게 주시는 비밀 무기인가요?"

천년손이가 놀라서 물었다.

"검은 매화단에 맞서 싸울 무기를 원하지 않았느냐. 나는 그저 요술 부채의 힘을 바람으로 살짝 바꾸었을 뿐이다."

천년손이는 부채를 다시 받아 들고는 살랑살랑 부쳐 보았다. 부채에선 웅장한 기운이 넘실거리듯 흘러나오더니, 금세 바람이 불기 시작했다.

"우와, 너무 신기해요."

연못의 물에 바람이 일더니 물을 휘감아 올렸다.

"아이쿠, 이 녀석. 그 연못은 내가 사는 곳이다. 하하하."

산신령이 소매로 바람을 막으면서 부드럽게 웃었다.

"스승님, 감사합니다!"

천년손이와 자래, 수아가 큰 소리로 외쳤다. 세 사람 모두 산신령이 대단한 무기를 선물했다는 것을 금방 알아차렸다.

"아참, 스승님은 닥락궁으로 안 돌아가시나요? 스승님이 닥락궁에 가시면 신선 사부님들을 도와주실 수 있잖아요."

수아가 물었다. 천년손이와 자래도 똑같은 걸 묻고 싶었다.

"허허, 내가 닥락궁으로 가고 나면 이곳 인간들은 누가 도와주겠느냐."

"인간들이요?"

"며칠 전에도 가난한 나무꾼이 하나 찾아왔다. 찢어지게 가난하면서도 나이 많은 어머니를 깍듯이 모시고 있더구나. 부자가 되는 게 소원이기에 갖고 있던 금도끼, 은도끼, 쇠도끼를 모두 주었다. 이곳 인간 세상에선 나의 소원성취술이 무척이나 필요하단다. 하하하."

산신령은 웃으면서 연못 속으로 천천히 걸어 들어갔다. 자욱한 물안개가 깔리더니, 산신령은 금세 자취를 감추었다.

"우리 이제 마을로 돌아가자."

"그래요. 사람들을 구해 주고 어서 파란 부채도 되찾아요, 오라버니."

수아와 자래가 천년손이를 재촉했다. 천년손이가 깨달음의 두루마리를 펼치고 중얼중얼 주문을 외우자 두루마리에 의원의 집이 다시 나타났다.

"가서 사람들을 구해 주자."

깨달음의 두루마리에서 번쩍하고 눈부신 빛이 뿜어져 나오는 순간, 천년손이와 자래, 수아는 다시 두루마리로 빨려 들어갔다.

오오, 너희들도 봤니?
방금 천년손이 삼인방이
기상천외(奇想天外)한 비밀 무기를 얻었어.
상상을 뛰어넘을 만큼 대단한 공격을
할 수 있게 됐단 뜻이지.

과연 천년손이 삼인방에게
어떤 무기가 되어 줄지
너무 궁금하다, 그렇지?

그나저나
파란 부채는 검은 매화단이 노리고 있고,
빨간 부채는 천년손이에게 있어.
검은 매화단은 파란 부채로 무슨 일을 하고,
천년손이는 빨간 부채로 무슨 일을 하려는 걸까.

궁금하다면
어서 따라가 봐야겠지.

14 검은 매화단과 파란 부채
확고부동(確固不動)

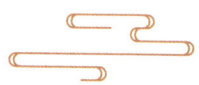

　검은 매화단 단주는 검은 망토를 휘날리면서 의원의 집 지붕에 서서 마을을 내려다보고 있었다. 의원의 집 앞에 줄을 서 있던 마을 사람들이 길바닥에 쓰러진 채 깊이 잠들어 있었다. 다들 코만 기다래서 하나같이 **해괴망측(駭怪罔測)**한 모습이었다.

　"닥락궁의 신선 후보생 녀석들은 사막에 있지 않았느냐. 이게 어찌 된 영문이지?"

　"다, 단주님……. 그게…… 아무래도 녀석들이 무슨 수를 쓴 모양입니다."

부단주의 목소리가 떨리듯 흘러나왔다. 부단주가 들고 있던 선경은 천년손이와 자래, 수아의 허수아비들이 하얀 연기와 함께 황금 부적으로 되돌아가는 모습을 비추었다. 휘이잉 불어온 모래바람에 황금 부적이 팔랑팔랑 날아가다가 곧 허공에서 조그만 불꽃이 되어 사라졌다.

"이런 괘씸한 녀석들! 감히 우리 검은 매화단을 상대로 속임수를 쓰다니……."

단주는 흥분해서 선경을 주먹으로 내리쳤다. 거울이 산산조각이 나서 바닥으로 떨어져 내렸다.

"단주님, 그래도 우리에겐 두루마리가 있지 않습니까. 녀석들에게서 두루마리를 빼앗았으니, 이대로 선계로 쳐들어갈 수 있습니다."

부단주가 말했다.

"흐음, 좋다. 깨달음의 두루마리를 이용해 선계로 간다."

단주가 품에서 조심스럽게 두루마리 두 개를 꺼냈다. 검은 매화단은 두루마리를 함께 바라보았다. 말은 안 했지만 속으로 다들 똑같은 생각을 하고 있었다.

'휴우우, 그래도 두루마리라도 빼앗았으니 **매우 다행**이다.

두루마리도 못 빼앗았으면 어쩔 뻔 했어. 정말로 **천만다행**(千萬多幸)이야.'

그런데 그 순간 두루마리 하나가 부르르 떨렸다. 천년손이에게서 빼앗았던 바로 그 두루마리였다. 두루마리에서 하얀 연기가 모락모락 피어오르는가 싶더니, 펑 하는 소리와 함께 황금색 머리카락 한 올로 변했다. 그러고는 눈 깜짝할 새에 허공에서 화르륵 타들어가며 사라졌다.

"아니, 이게 어찌 된 일이지?"

단주의 눈이 동그래졌다. 검은 매화단 역시 놀라서 움찔 몸이 굳었다.

"아니, 이, 이, 녀석들이!"

부단주는 물론이고 검은 매화단 모두 어안이 벙벙해졌다.

"으아아아! 이 닥락궁 꼬마 녀석들! 가만두지 않겠다! 우리 검은 매화단의 선계 침략을 가로막다니!"

단주가 이를 부득부득 갈았다.

"단주님!"

검은 매화단은 모두 고개를 숙인 채 두려움에 떨었다. 단주는 잠시 말이 없었다. 부단주는 지금 단주가 얼마나 화가 나 있는지 짐작조차 할 수 없었다.

"당장 요술 부채와 심술귀를 데려오너라."

단주가 중얼거리듯 말했다.

"예, 알겠습니다. 단주님."

부단주는 곧바로 대답했다.

부단주에게 잡혀 온 의원의 부인은 오들오들 몸을 떨었다.

"지…… 지금……, 뭐……, 뭐하려는 게요. 아니, 내가 그런 것이 아니라, 우리 남편이 그랬다니까요. 난 아무 죄도 없습니다."

그때 의원 부인의 목에 걸려 있던 요술 부채를 부단주가 홱 채 갔다.

"그 부채가 얼마나 귀한 건데요. 그 부채로 부치면 코가 마구 길어진다니까요. 이 동네 사람들 코도 다 그래서 길어진 겁니다."

부인은 손짓발짓을 해 가면서 설명했다.

"이 부채로 부치면 코가 길어진다, 이 말이지?"

단주가 낮은 소리로 중얼거리듯 물었다.

"그렇다니까요. 나는 남편, 아니, 그 아무짝에도 쓸모없는 심술귀 녀석이 부채를 주워 가자고 하도 졸라서 주워 온 것뿐이에요. 내가 검은 매화단님들의 부채인 줄 알았으면 가져 왔겠소. 제발 나 좀 놔 주시오."

부인은 훌쩍거리면서 울어 댔다.

"좋다. 큼직한 것이 밟고 올라가기 딱 좋게 생겼군."

단주는 부인의 두툼한 콧방울을 바라보면서 중얼거렸다.

"네, 네에?"

심술귀는 코를 움켜쥔 채 이마를 찌푸렸다.

"그래. 네 말대로 이 부채로 부치면 코가 길어진다니까, 어디 얼마나 길어지는지 한번 보자."

단주가 손가락을 가볍게 튕겼다. 순간, 의원의 부인은 빳빳하게 몸이 굳은 채로 바닥에 쓰러졌다. 하늘을 보고 반듯하게 누운 모습이었다.

"에고고, 나 죽네, 나 죽어……."

의원의 부인은 몸을 움직일 수 없었기에 목청껏 외쳐 댔다.

"부채로 부쳐라."

"네에?"

부단주가 의아한 듯 되물었다.

"이 심술귀의 코를 부채로 부치란 말이다. 선계에 닿을 때까지."

단주가 낮은 소리로 말했다.

"아, 알겠습니다. 단주님."

부단주는 그제야 단주의 뜻을 알아차렸다. 단주는 깨달음의 두루마리 대신 요술 부채를 이용해서 선계로 쳐들어가려는 속셈이었다.

"뭣들 하느냐. 어서 부쳐라!"

"네!"

검은 매화단이 몰려와서 심술귀 코에 파란 부채를 부쳐 댔다. 심술귀의 코는 쑤욱쑤욱 소리를 내면서 점점 길어지기 시작했다.

"아이고, 사람 죽네. 아니, 심술귀 죽네!"

심술귀의 두툼한 코는 하늘을 향해서 끝도 없이 쑥쑥 길어졌다.

"동네 사람들, 나 좀 살려 주시오. 아이고, 내 코 좀 보시오. 아이고, 사람 잡네, 사람 잡아. 아니지, 심술귀 살려!"

심술귀는 비명을 마구 질러 댔다.

"쓰읍, 시끄럽다. 어? 이건?"

심술귀를 지켜보던 단주의 눈썹이 한순간 치켜 올라갔다.

"흥, 그래도 나름 쓸모가 있는 심술귀로군. 부단주, 이 녀석 귓구멍 속에 글자가 숨어 있다."

부단주가 그 말에 재빨리 심술귀의 귓구멍을 들여다보았다.

"앗, 단주님! 정말입니다. 녀석의 귓구멍에 글자들이 있습니다."

부단주가 작은 글자들을 확인하느라 눈살을 찌푸렸다.

"단주님, 이건 **확고부동**(確固不動)입니다."

"어서 글자들을 회수해라."

"네! **확고부동**(確固不動), 흔들리거나 움직이지 않는 단단한 마음!"

부단주가 큰 소리로 외쳤다. 심술귀의 귓구멍에 숨어 있던 글자들이 쪼르륵 빨려 나와 두루마리로 들어갔다.

"자, 이제 심술귀 너는 돌처럼 단단하게 굳어라."

심술귀의 몸은 순간 부단주의 주문대로 돌처럼 굳었다. 심술귀의 두툼한 코도 아래쪽부터 돌처럼 딱딱해지기 시작했다.

"글자들을 회수했으니, 어서 부쳐라."

"예, 단주님!"

검은 매화단은 열심히 부채를 부쳐댔다. 쑥쑥, 소리를 내면서 심술귀의 코는 계속해서 길어졌다.

"단주님, 곧 선계에 닿을 것 같습니다."

부단주는 까마득하게 솟은 돌기둥을 올려다보았다.

"좋다. 쉬지 말고 계속 부쳐라."

단주는 팔짱을 낀 채 대답했다. 얼마나 지났을까, 심술귀의 코는 끝이 보이지 않을 만큼 높다랗게 치솟아서 하늘 끝까지 닿았다.

"어디 한번 볼까."

단주는 심술귀의 코를 툭툭 두드려 보았다.

"이만하면 됐다. 올라가거라."

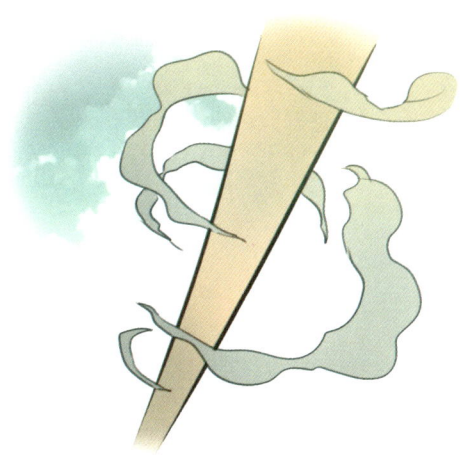

단주가 말했다.

"네, 단주님!"

검은 매화단은 돌처럼 단단해진 심술귀의 코를 밟고 위로 올라가기 시작했다. 검은 매화단의 몸놀림은 몹시도 가볍고 빨랐다. 타다닷, 소리를 내면서 검은 매화단은 구름 속으로 사라졌다.

"오늘 우리 검은 매화단이 선계를 정복한다. 음하하하!"

단주의 **자신감에 가득 찬 자신만만(自信滿滿)**한 목소리가 고요한 마을에 쩌렁쩌렁 울려 퍼졌다.

15 인간계와 선계를 건 치열한 전투
혼비백산(魂飛魄散)

그때 새끼 고양이 한 마리가 골목 어귀에서 달려왔다.

"그렇게는 안 될걸."

새끼 고양이 목에 달린 금방울에서 천년손이의 목소리가 흘러나왔다.

"단주님, 닥락궁의 신선 후보생 녀석들입니다."

투시술로 천년손이와 수아의 모습을 꿰뚫어 본 부단주가 말했다.

"잡아라. 이번엔 녀석들을 절대로 봐주지 않는다."

단주가 말했다.

"오늘 반드시 녀석들이 가진 깨달음의 두루마리를 빼앗고, 선계도 정복한다."

단주가 단호하게 덧붙였다.

"네, 단주님!"

땅에 남아 있던 검은 매화단이 천년손이와 수아에게 우르르 달려갔다. 펑, 하는 소리와 함께 천년손이와 수아는 원래 모습으로 돌아왔다.

"오라버니, 조심하세요!"

수아가 도력을 불어넣어 투명 화살을 만든 다음 허공으로 날렸다.

"**일파만파**(一波萬波), 하나는 수백이 되어 퍼져 나가라."

투명 화살은 펑펑, 하는 소리를 내면서 수백 개의 작은 화살이 되어 떨어져 내렸다. 검은 매화단은 수아의 **일파만파**(一波萬波) 궁술에 놀라서 **좌충우돌**(左衝右突) 이리 부딪치고, 저리 부딪치면서 사방으로 흩어졌다.

"아니, 저 어린 구미호가 언제 저렇게 궁술이 늘었지?"

단주가 이마를 찌푸렸다.

"**괄목상대**(刮目相對)입니다. 깨달음의 두루마리에 글자들

을 많이 모으더니, 정말로 눈에 띄게 실력이 늘었습니다."

부단주가 당황한 듯 중얼거렸다.

"오라버니, 괜찮으세요?"

수아가 다급한 소리로 물었다.

"응. 이참에 바람이나 한번 만들어 볼까."

천년손이는 소매에서 빨간 부채를 꺼냈다.

"신비한 바람이여, 악을 물리쳐라!"

천년손이가 주문을 외우면서 부채를 부쳤다. 휘이익, 소리를 내면서 거칠고 거센 바람이 부채에서 뿜어져 나왔다.

"히히. 어떠냐."

부채의 위력은 무시무시했다. 검은 매화단 단주와 부단주가 있는 곳까지 요란한 소리를 내며 부채 바람이 몰아쳤다.

"단주님, 피하십시오!"

부단주와 단주는 바람을 피해서 땅을 박차고 하늘로 힘껏 날아올랐다.

"이번에는 회오리바람이다. 이얍!"

천년손이는 부단주와 단주가 있는 곳을 향해 다시 부채를 부쳤다. 부채에서 나온 강력한 회오리바람이 기왓장과 지푸라기, 돌멩이 들을 휘감아 올렸다. 천년손이가 일으킨 바람에 맞아 지붕이 부서져 내리고 사방에서 뽀얗게 먼지구름이 피어올랐다.

"단주님, 저 요술 부채가…… 바람을 일으킵니다."

아슬아슬하게 회오리바람을 피한 단주와 부단주가 놀라서 마주 보았다.

"어떠냐, 내 도술 실력이, 하하하."

부채를 쥔 천년손이가 큰 소리로 웃어 댔다.

"선계를 치러 간다면서 **호언장담(豪言壯談)**하더니, 이젠 **허풍 떨면서 큰소리칠** 형편은 아닌가 봐요. 오라버니."

수아가 호호, 하고 웃었다.

"이번엔 장풍!"

천년손이가 부채를 팔락팔락 부쳤다. 부채에서 흘러나온 웅장한 기운이 넘실대면서 거대한 손바닥 모양이 되었다. 손바닥에서 거센 바람이 몰아치더니, 삽시간에 검은 매화단을 후려쳤다.

"장풍이다. 어서 피해라!"

검은 매화단은 훌쩍 날아올랐다. 간발의 차이로 장풍을 피한 검은 매화단 앞에 다시 한번 흙먼지가 구름처럼 일었다.

"물러서지 말고 검은 매화진을 펼쳐라!"

단주가 큰 소리로 외쳤다.

"네, 단주님!"

검은 매화단이 일제히 고개를 숙였다.

"검은 매화진!"

검은 매화단이 둥그스름한 모양으로 늘어섰다. 타앗, 소리

를 내면서 칼을 휘두르자, 수십 개의 칼날이 커다란 검은 매화처럼 허공에 둥글게 펼쳐졌다.

"검은 매화 검법 제1장, 하늘에서 매화 꽃잎이 날리고!"

단주의 말을 따라서 회전하듯 돌아가는 칼날들이 마치 검은 매화가 하늘에 흩날리듯 뿌려졌다. 검은 매화단의 칼날이 꽃잎처럼 날아들자, 천년손이와 수아는 깜짝 놀라서 몸을 피했다.

"오라버니, 조심해요!"

수아가 다급하게 투명 화살을 날렸다. 수백 개의 투명 화살이 제때 날아들었기에 망정이지, 하마터면 천년손이에게 칼날이 떨어질 뻔했다. 검은 매화진은 정말이지 위협적이고 대단했다.

"녀석이 부채를 부칠 틈을 주지 마라. 검은 매화 검법으로 계속 밀어붙여야 한다."

단주가 낮은 소리로 말했다.

"검은 매화 검법 제2장, 나무에서 매화가 움트니!"

검은 매화단은 마치 매화나무처럼 기다랗게 늘어섰다. 한 사람의 어깨를 밟고 다른 사람이 올라가는 식이었다. 마치 순식간에 검은 매화나무 여러 그루가 솟아오른 것 같았다. 검은 매화단은 칼날을 겹겹이 휘두르면서 다시 포위망을 좁혀 왔다.

"오라버니, 뒤로 물러서요."

수아가 투명 화살을 마구 날렸다. 화살은 사다리처럼 늘어선 검은 매화단을 향해 휙, 휙, 소리를 내면서 날아갔다. 천년손이가 부채를 부칠 틈도 없었다. 천년손이가 뒷걸음질 치면서 황금 부적을 소매에서 꺼내 허공으로 던졌다.

"변해라, 부적!"

황금 부적은 펑, 하는 소리와 함께 투명 가림막이 되어 수아와 천년손이를 감쌌다. 팅, 소리를 내면서 검은 매화단의 칼날이 튕겨져 나가고, 수아는 투명 가림막 사이로 투명 화살을 날렸다. 천년손이가 투명 가림막 뒤에서 부채를 부치려고 할 때마다 검은 매화단의 칼날이 날아왔다.

"단주님, 검은 매화 검법을 펼치니, 녀석들이 **속수무책**(束手無策)으로 손을 쓰지 못하고 있습니다."

"좋다. 지금이다. 선계로 가자."

"네, 단주님!"

부단주가 힘차게 대답했다.

그때 어디선가 비명 소리가 들려왔다. 하늘 너머에서 들려오는 소리였다.

"으아아아!"

검은 매화단과 천년손이, 수아 모두 까마득한 하늘을 올려다보았다. 놀랍게도 하늘에서 검은 매화단이 마구 떨어져 내리고 있었다. 맑은 하늘에 거대한 검은 물체가 부드럽게 헤엄치듯 날아다니고 있었다.

"흐…… 흑룡이다!"

검은 매화단은 놀라서 움직임을 멈춘 채 하늘을 바라보았다. 흑룡은 앞발로 영롱하게 빛나는 여의주를 움켜쥐고, 눈에선 불이라도 뿜을 것처럼 붉은 기운을 내뿜고 있었다. 흑룡의 온몸에 돋은 비늘 하나하나가 신비로운 검푸른 기운을 띤 채 아름답게 빛나고 있었다. 자래였다.

"자래다. 자래야, 여기야, 여기!"

흑룡은 하늘에서 빙그르르 몸을 돌렸다. 자래가 변신한 흑

 룡은 선계를 치러 하늘로 올라온 검은 매화단을 붙잡아 땅으로 내던졌다.
 "까마귀로 변해라, 얍!"
 부단주가 다급하게 주문을 외웠다. 검은 매화단은 펑, 하는 소리와 함께 작은 까마귀가 되어 후드득 소리를 내면서 날아올랐다.
 "흑룡에게 잡히면 안 돼. 도망쳐!"

까마귀가 된 검은 매화단은 **혼비백산**(魂飛魄散)하여 하늘 너머로 도망쳤다. 몹시 놀라서 여기저기 흩어지는 검은 매화단을 보면서 부단주는 이마의 땀을 닦았다. 어찌나 놀랐는지 부단주의 이마에 땀이 송골송골 맺혀 있었다. 거대한 흑룡이 날아오는 걸 본 단주의 얼굴이 딱딱하게 굳었다.

"단주님, 어찌 할까요."

검은 매화단이 펼치던 검은 매화진도, 검은 매화 검법도 모두 무너져 내린 뒤였다. 검은 매화단 단원들은 여기저기서 꽁지 빠지게 도망치고 있었다.

"단주님, 이대로는 위험합니다. 다시 대책을 세우시는 것이……."

부단주가 말끝을 흐렸다. 한참 동안 말이 없던 단주의 입에서 짧은 대답이 흘러나왔다.

"돌아가자. 두 걸음 더 나아가기 위해 한 걸음 물러선다."

단주가 망토를 펄럭거렸다. 순간, 단주의 모습은 홀연히 사라져 버렸다. 부단주가 짧은 휘파람 소리를 내자 검은 매화단도 곧 흔적 없이 사라졌다. 파란 부채만 덩그러니 남아 땅바닥에서 나뒹굴고 있었다.

"휴우, 검은 매화단이 다 가 버렸나 봐요. 오라버니."

수아가 투명 화살을 날리다 말고 손을 내렸다.

"히히, 우리가…… 이긴 건가?"

천년손이는 흑룡을 향해 손을 마구 흔들어 댔다.

"자래야, 잘했어! 우리가 이겼어."

자래는 하늘에서 뛰어내리며 본래의 모습으로 돌아왔다.

"다행이다. 이제 사람들만 고쳐 주면 되겠어."

천년손이와 수아, 자래는 손을 맞잡고 기뻐서 발을 콩콩 굴러 댔다.

심술귀의 최후
사필귀정(事必歸正)

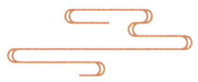

"아이고, 팔 아파. 이걸 언제까지 부쳐야 하는 거지?"

천년손이는 팔을 주무르면서 투덜댔다.

"이제 내 순서야. 내가 부칠게."

자래가 빨간 부채를 건네받아 마구 부치자 심술귀의 코가 계속해서 줄어들었다.

"자래야, 조금만 더 하면 돼. 이번엔 내가 할게."

수아가 자래 다음으로 부채를 부쳐 댔다. 그렇게 셋이서 번갈아 가면서 한참 동안 요술 부채를 부친 덕분에 심술귀의 코는 결국 원래대로 돌아왔다. 잠들어 있는 마을 사람들의 코도 모두 감쪽같이 원래대로 되돌려 놓고, 검은 매화단과 싸우는 통에 부서졌던 지붕이며 건물들도 모두 도술을 써서 원래 모습으로 되돌렸다.

 변신 선생은 선경이 다시 연결되었을 때 빨간 부채와 파란 부채를 하나로 합하는 방법도 가르쳐 주었다. 검은 매화단도 물리치고, 사람들도 구해 주고, 더 강력해진 요술 부채까지 얻은 셈이었다.

 "검은 매화단이 건 도술은 안 풀려. 이걸 어쩌지?"

 천년손이와 수아, 자래는 심술귀의 몸을 돌처럼 굳게 한 도술을 풀려고 애썼다.

 "말랑말랑해져라, 얍!"

 "본래대로 돌아와라, 얍!"

천년손이와 수아, 자래는 아는 도술이란 도술은 다 써 보았다. 하지만 돌이 된 심술귀의 몸은 되돌아오지 않았다.

"안타깝지만 이건 우리 힘으로는 어쩔 수 없어."

천년손이는 고개를 저었다.

"오라버니, 이건 우리도 도와줄 수 없어요."

수아도 고개를 저었다.

"**인과응보(因果應報)**라더니, 잘못을 저지른 만큼 벌을 받는구나. 쯧쯧."

자래가 혀를 찼다.

그때 은은한 황금빛 기운이 주변을 물들이기 시작했다.

"이게 어디에서 나오는 빛이지?"

천년손이의 허리춤에 달린 두루마리가 웅웅거리면서 부르르 떨렸다.

"뭐야, 글자들이 나타난 건가?"

"오라버니. 이 글자는 귀(歸), 돌아간다는 뜻이에요, 이건 사(事), 일이란 뜻이고요."

수아가 놀란 눈으로 심술귀의 코를 가리켰다. 여태 안 보이던 글자들이 나타나서 심술귀의 돌처럼 굳은 눈썹과 얼굴,

코에 나란히 달라붙어 있었다.

"이건 필(必), 반드시란 뜻의 글자야."

자래가 글자 중 하나를 가리켰다.

"이건 내가 아는 글자야. 바르다는 뜻의 정(正)이지."

천년손이가 가리킨 건 반듯한 획 다섯 개가 모여서 만들어진 글자였다.

"이 글자들을 이어서 읽으면 이런 뜻이에요. **사필귀정(事必歸正), 모든 일은 반드시 옳은 길로 돌아가기 마련이다.**"

두루마리가 부르르 떨리면서 웅웅거리더니, 글자들이 쪼르륵 빨려 들어갔다. 순간, 수아의 투명 화살이 허공에서 쨍, 소리를 내면서 저절로 나타났다가 사라지고, 자래의 여의주에선 푸른 기운이 흘러나와 주변을 푸르게 물들이다 사라졌다. 갑자기 나타난 수십 개의 황금 부적들은 허공에서 펄럭거리면서 나부끼다 천년손이의 소매로 빨려 들어갔다.

"와, 온몸에 힘이 넘치는데? 이번 글자들은 아무래도 세상에서 가장 정의로운 글자였나 봐."

천년손이가 중얼거렸다.

"다음엔 사막에서 만나도 검은 매화단을 이길 수 있을 것

같아."

자래가 웃으면서 답했다.

"맞아. 나도 도력이 더 세진 것 같아. 호호호."

천년손이와 수아, 자래는 서로를 바라보며 부드럽게 웃었다.

"그 의원 부부 소식 들었소?"

마을 아낙들이 우물가에서 물을 길면서 소곤거렸다.

"듣다마다요. 그렇게나 못되게 굴더니만, 하룻밤 새에 어디론가 사라졌다면서요."

"으이구, 그 심술궂은 사람들 안 보니 속이 다 시원하네그려. 그나저나 우리 코는 누가 이렇게 고쳐 주었나 몰라. 그동안 뺏겼던 돈과 보물도 돌려받고 말이야."

"그러니깐요. 아참, 누가 그 돌덩이에 귀한 가르침을 새겨 놓고 갔다면서요?"

"그 의원 부인이랑 똑같이 생긴 돌덩이?"

"예에. 거기 그렇게 써 있답디다. 사⋯⋯ 사필, ⋯⋯뭐랬는데?"

"**사필귀정**(事必歸正)이요?"

"아, 맞다, 맞아. 그거요. **사필귀정**(事必歸正)이라고, 모든 일은 반드시 옳은 길로 가기 마련이라나, 뭐라나. 호호호."

마을에는 웃음이 넘쳤다. 무사히 딸의 혼례를 치른 복순네도 웃음을 되찾았다.

"하아, 이제 다 원래대로 돌아갔어. 정말 잘됐다. 히히."
"오라버니, 자래야. 모두 고생했어."
"글자들도 제법 모았어. 우리 이번에도 꽤 잘 해냈지?"

몰래 숨어서 마을 사람들을 지켜보던 천년손이 삼인방은 흐뭇하게 돌아섰다.

그때 갑자기 천년손이의 손에 들려 있던 깨달음의 두루마리에서 둥둥, 둥둥, 북소리가 울려 퍼졌다.

"이게 무슨 일이야, 웬 북소리지?"

천년손이와 수아, 자래가 어리둥절해 있는데, 두루마리 안에서 누군가의 목소리가 들려왔다.

"자명고가 울렸습니다. 어서 피하셔야 합니다, 공주님!"

천년손이의 눈이 동그래졌다.

"어, 이 목소리는?"

천년손이 삼인방은 놀라서 얼굴을 마주 보았다. 세 사람에겐 너무나 익숙하고, 잘 아는 목소리였다. 천년손이 삼인방의 입에서 똑같은 소리가 터져 나왔다.

"노상군?"

휘이익, 소리와 함께 두루마리에선 황금빛이 눈부시게 뿜어져 나왔다. 천년손이와 수아, 자래는 눈 깜짝할 새에 두루마리로 빨려 들어갔다.

안녕, 꼬마 신선 후보생들.
이번 모험에서도 글자들을 많이 모았니?
천년손이와 수아, 자래는
검은 매화단이 선계로 쳐들어가려던
위험천만(危險千萬)한 음모를 물리치고,
선계와 인간계 모두를 구해 냈어.
코가 길어졌던 사람들의 코를 모두 되돌려 놓고,
심술귀도 혼내 줬지. 검은 매화단도 도망쳤단다.

자, 이제 알겠지?
깨달음의 두루마리에 글자들을 많이 모을수록
다양한 도술을 부릴 수 있게 돼.
두루마리의 힘은 끝이 없고,
무궁무진(無窮無盡)하거든.

아, 천년손이 삼인방은 어디로 갔고,
자명고는 또 뭐냐고?
너희들에게만 살짝 알려 줄게.
자명고는 적이 쳐들어오면 스스로 울리는 북이야.
낙랑이라는 나라의 보물이었지.

다음 이야기도 기대된다고?
당연하지.
천년손이 삼인방의 모험은
결코 여기서 끝이 아니거든.
검은 매화단도 이를 갈고 있을 거고 말이야.
그럼 다음 이야기에서 또 만나자.

고칠 개	지날 과	옮길 천	착할 선
改	過	遷	善

국어 5학년 1학기
10. 주인공이 되어

지난날의 잘못을 깨닫고 바로잡아 선해짐.

가벼울 경	들 거	망령될 망	움직일 동
輕	擧	妄	動

국어 1학년 2학기
4. 바른 자세로 말해요

가볍고 조심성 없이 행동한다는 뜻으로, 경솔한 행동을 이르는 말.

쓸 고	다할 진	달 감	올 래
苦	盡	甘	來

사회 3학년 1학기
2. 우리가 알아보는 고장 이야기

국어 4학년 2학기
1. 이어질 장면을 생각해요

쓴맛이 다하면 단맛이 온다는 뜻으로, 고생 끝에 낙이 온다는 말.

긁을 괄	눈 목	서로 상	대할 대
刮	目	相	對

사회 3학년 1학기
3. 교통수단의 변화

국어 5학년 1학기
10. 주인공이 되어

눈을 비비고 상대를 본다는 말로, 학식이나 재주가 부쩍 늘었음을 일컫는 말.

무리 군	닭 계	한 일	학 학
群	鷄	一	鶴

국어 5학년 2학기
독서 단원. 책을 읽고 생각을 넓혀요

닭 무리 사이의 학 한 마리, 즉 평범한 사람들 가운데 뛰어난 인물을 이르는 말.

쇠 金	은 銀	보배 寶	재물 貨

금, 은, 옥, 진주 등의 매우 귀중한 물건.

사회 3학년 1학기
2. 우리가 알아보는 고장 이야기

국어 5학년 1학기
10. 주인공이 되어

쇠 金	가지 枝	구슬 玉	잎 葉

금 나뭇가지의 옥 잎사귀라는 뜻으로 귀한 자손을 이르는 말.

국어 3학년 1학기
4. 내 마음을 편지에 담아
8. 의견이 있어요

기운 氣	높을 高	일만 萬	어른 丈

펄펄 뛸 만큼 기운이 뻗쳤다는 뜻으로, 자만에 차 있음을 이르는 말.

국어 2학년 1학기
10. 다른 사람을 생각해요
5학년 2학기
1. 마음을 나누며 대화해요

기특할 奇	생각 想	하늘 天	바깥 外

보통 사람은 짐작하기 어려울 정도로 기발하고 엉뚱한 생각이나 행동.

국어 4학년 2학기
4. 이야기 속 세상

| 어려울 란난 | 칠 공 | 아닐 부불 | 떨어질 락낙 | 국어 5학년 2학기 |
| 難 | 攻 | 不 | 落 | 7. 중요한 내용을 요약해요 |

공격하기 어려워 좀처럼 허물어지지 않음.

| 어려울 란난 | 형 형 | 어려울 란난 | 아우 제 | 국어 3학년 1학기 |
| 難 | 兄 | 難 | 弟 | 10. 문학의 향기 |

누구를 형이나 아우라 하기 어려울 정도로 둘 사이의 낫고 못함을 판가름하기 힘든 상황.

| 사마귀 당 | 사마귀 랑낭 | 막을 거 | 바퀴 자국 철 | 국어 3학년 1학기 |
| 螳 | 螂 | 拒 | 轍 | 10. 문학의 향기 |

사마귀가 수레바퀴를 막듯 약자가 무모하게 강자에게 덤빔을 말함.

| 한가지 동 | 병 병 | 서로 상 | 불쌍히 여길 련연 | 국어 6학년 2학기 |
| 同 | 病 | 相 | 憐 | 1. 작품 속 인물과 나 |

같은 병을 가진 환자가 서로를 가엾이 여기듯 같은 처지의 사람들이 서로를 동정하는 상황.

동녘 동	서녘 서	남녘 남	북녘 북
東	西	南	北

국어 6학년 2학기
5. 글에 담긴 생각과 비교해요

동쪽, 서쪽, 남쪽, 북쪽의 사방.

없을 막	윗 상	없을 막	아래 하
莫	上	莫	下

국어 3학년 1학기
8. 의견이 있어요

무엇이 더 낫고 못한지 분간할 수 없음.

아득할 망	아득할 망	클 대	바다 해
茫	茫	大	海

국어 3학년 1학기
9. 어떤 내용일까

한없이 크고 넓은 바다.

아득할 망	그럴 연	스스로 자	잃을 실
茫	然	自	失

국어 6학년 2학기
1. 작품 속 인물과 나

제정신을 잃고 어리둥절한 상태.

없을 무	다할 궁	없을 무	다할 진
無	窮	無	盡

사회 3학년 1학기
3. 교통과 통신수단의 변화
국어 6학년 2학기
3. 타당한 근거로 글을 써요

끝이 없고 다함이 없음을 형용해 이르는 말.

없을 무	바 소	아닐 불	할 위
無	所	不	爲

국어 3학년 1학기
8. 의견이 있어요

하지 못할 일이 없음.

넓을 박	배울 학	많을 다	알 식
博	學	多	識

국어 3학년 1학기
9. 어떤 내용일까
사회 4학년 1학기
2. 우리가 알아보는 지역의 역사

학문이 넓고 식견이 높음.

흰 백	낯 면	글 서	날 생
白	面	書	生

국어 3학년 1학기
8. 의견이 있어요

희고 고운 얼굴에 글만 읽고 세상일에는 경험이 없는 사람.

일백 백	필 발	일백 백	가운데 중
百	發	百	中

국어 4학년 2학기
4. 이야기 속 세상

백 번 쏘아 백 번 맞음, 즉 쏘기만 하면 명중함.

일백 백	싸움 전	일백 백	이길 승
百	戰	百	勝

국어 3학년 1학기
10. 문학의 향기

백 번 싸워 백 번 모두 이길 정도로 겨룰 때마다 승리를 거둠.

부유할 부	귀할 귀	영화 영	빛날 화
富	貴	榮	華

국어 4학년 2학기
9. 감동을 나누며 읽어요

부유하고 귀한 대우를 받으며 온갖 영광을 누림.

넉 **사**	낯 **면**	초나라 **초**	노래 **가**
四	面	楚	歌

국어 4학년 2학기
9. 감동을 나누며 읽어요

사방에서 들리는 초나라의 노래라는 뜻으로, 적에게 둘러싸여 고립된 상태.

넉 **사**	모 **방**	여덟 **팔**	모 **방**
四	方	八	方

국어 6학년 2학기
5. 글에 담긴 생각과 비교해요

네 방향과 여덟 방향이란 뜻으로, 여러 방향과 모든 방면을 이르는 말.

일 **사**	일 **사**	물건 **건**	물건 **건**
事	事	件	件

국어 3학년 2학기
7. 글을 읽고 소개해요
사회 4학년 1학기
3. 지역의 공공기관과 주민 참여

해당되는 모든 일과 온갖 사건.

일 **사**	반드시 **필**	돌아갈 **귀**	바를 **정**
事	必	歸	正

국어 3학년 1학기
10. 문학의 향기
   4학년 2학기
9. 감동을 나누며 읽어요

모든 일은 반드시 올바른 길로 돌아감.

죽일 **살**	몸 **신**	이룰 **성**	어질 **인**
殺	身	成	仁

`국어` 2학년 1학기
9. 생각을 생생하게 나타내요
　　　3학년 1학기
10. 문학의 향기
`사회` 4학년 1학기
2. 우리가 알아보는 지역의 역사

자신의 몸을 희생해 옳은 일을 행함.

석 **삼**	돌아볼 **고**	풀 **초**	농막집 **려여**
三	顧	草	廬

`국어` 3학년 1학기
8. 의견이 있어요

세 번이나 초가집까지 찾아가 설득할 정도로, 인재를 맞아들이기 위해 참을성 있게 힘씀.

석 **삼**	열 **십**	여섯 **육륙**	셀 **계**
三	十	六	計

`국어` 6학년 1학기
5. 속담을 활용해요

서른여섯 가지의 계책이란 뜻으로, 불리할 때 달아나는 방법을 속되게 이름.

먼저 **선**	볼 **견**	갈 **지**	밝을 **명**
先	見	之	明

`국어` 3학년 1학기
9. 어떤 내용일까
　　　3학년 2학기
9. 작품 속 인물이 되어

앞을 내다보는 안목이라는 뜻으로, 장래를 미리 예측하는 날카로운 견식.

정성 **성**	마음 **심**	정성 **성**	뜻 **의**
誠	心	誠	意

국어 4학년 2학기
9. 감동을 나누며 읽어요

정성스럽고 참된 마음과 뜻.

묶을 **속**	손 **수**	없을 **무**	꾀 **책**
束	手	無	策

국어 5학년 1학기
8. 아는 것과 새롭게 안 것

상황을 알고 있음에도 손이 묶인 것처럼 어찌할 바를 몰라 꼼짝 못 한다는 말.

소매 **수**	손 **수**	결 **방**	볼 **관**
袖	手	傍	觀

국어 3학년 1학기
8. 의견이 있어요

팔짱을 끼고 지켜보고만 있다는 뜻으로, 돕거나 간섭하지 않고 그대로 내버려둠을 의미함.

때 시	때 시	새길 각	새길 각
時	時	刻	刻

국어 3학년 1학기
8. 의견이 있어요

각각의 시각.

벙어리 아	그럴 연	잃을 실	빛 색
啞	然	失	色

국어 3학년 1학기
8. 의견이 있어요
10. 문학의 향기

뜻밖의 일에 얼굴색이 변할 정도로 깜짝 놀람.

눈 안	아래 하	없을 무	사람 인
眼	下	無	人

국어 3학년 1학기
2. 알맞은 높임 표현
8. 의견이 있어요

눈 아래에 사람이 없다는 뜻으로, 교만한 이를 이름.

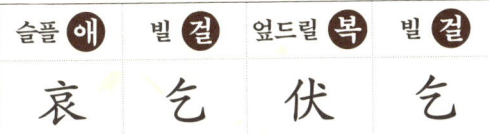

슬플 애	빌 걸	엎드릴 복	빌 걸	
哀	乞	伏	乞	국어 3학년 1학기 10. 문학의 향기

간절한 마음으로 애처롭게 하소연하면서 빎.

사랑 애	갈 지	무거울 중	갈 지	
愛	之	重	之	국어 4학년 2학기 7. 독서 감상문을 써요

지극히 사랑하며 소중히 여김.

고기 잡을 어	지아비 부	갈 지	이로울 리(이)	
漁	夫	之	利	국어 3학년 1학기 8. 의견이 있어요

새와 조개가 싸우는 틈에 어부가 둘 다 잡았다는 뜻으로, 서로 다투는 틈에 엉뚱한 사람이 이익을 얻음을 이름.

바꿀 역	땅 지	생각 사	갈 지	
易	地	思	之	국어 4학년 1학기 2. 내용을 간추려요 7. 사전은 내 친구 9. 자랑스러운 한글 4학년 2학기 6. 본받고 싶은 인물을 찾아봐요

서로 처지를 바꾸어 상대의 입장에서 생각해 봄.

오른쪽 우	갈 왕	왼쪽 좌	갈 왕	
右	往	左	往	국어 4학년 1학기 9. 자랑스러운 한글

오른쪽으로 갔다 왼쪽으로 갔다 하며 가만히 있지 못하는 상태.

위태할 위	험할 험	일천 천	일만 만
危	險	千	萬

몹시 위험하기 짝이 없음.

국어 4학년 1학기
10. 인물의 마음을 알아봐요
사회 6학년 1학기
1. 우리나라의 정치 발전

있을 유	갖출 비	없을 무	근심 환
有	備	無	患

미리 준비가 되어 있으면 걱정할 것이 없음.

국어 3학년 1학기
1. 재미가 톡톡톡

뜻 의	기운 기	날릴 양	날릴 양
意	氣	揚	揚

기세가 드높아 매우 자랑스럽게 뽐내는 모양.

국어 3학년 1학기
8. 의견이 있어요

다를 이(리)	입 구	한가지 동	소리 성
異	口	同	聲

여러 사람이 입을 모아 같은 말을 함.

국어 3학년 1학기
1. 재미가 톡톡톡

인할 인	열매 과	응할 응	갚을 보
因	果	應	報

좋은 일에는 좋은 결과가, 나쁜 일에는 나쁜 결과가 따른다는 말.

국어 4학년 2학기
독서 단원. 책을 읽고 생각을 나누어요

사람 인	갈 지	떳떳할 상	뜻 정
人	之	常	情

국어 3학년 1학기
8. 의견이 있어요

사람이라면 응당 누구나 갖는 보통의 마음이나 생각.

한 일	실 사	아닐 부/불	어지러울 란/난
一	絲	不	亂

국어 6학년 1학기
2. 이야기를 간추려요
5. 속담을 활용해요

한 올의 실도 흐트러지지 않을 정도로 질서가 잘 잡혀 있음.

한 일	닿을 촉	곧 즉	필 발
一	觸	卽	發

국어 3학년 2학기
7. 글을 읽고 소개해요
사회 6학년 1학기
1. 우리나라의 정치 발전

조그만 자극에도 큰일이 벌어질 것 같은 아슬아슬한 상태.

날 **일**	나아갈 **취**	달 **월**	장수 **장**
日	就	月	將

국어 4학년 2학기
2. 마음을 전하는 글을 써요

날마다 달마다 성장한다는 뜻으로 날이 갈수록 발전함을 이름.

한 **일**	물결 **파**	일만 **만**	물결 **파**
一	波	萬	波

국어 6학년 2학기
5. 글에 담긴 생각과 비교해요

하나의 물결이 여러 물결을 불러오듯 한 사건이 잇달아 많은 사건으로 번짐.

스스로 **자**	믿을 **신**	찰 **만**	찰 **만**
自	信	滿	滿

국어 3학년 1학기
8. 의견이 있어요

매우 자신에 차 있음.

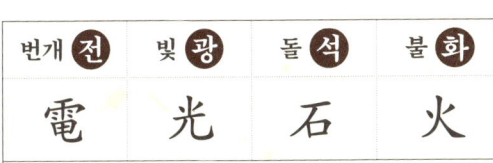

번개 전	빛 광	돌 석	불 화
電	光	石	火

국어 4학년 2학기
5. 의견이 드러나게 글을 써요

번갯불이나 부싯돌이 빛나는 것처럼 눈 깜짝할 사이의 짧은 시간.

바를 정	바를 정	집 당	집 당
正	正	堂	堂

국어 3학년 1학기
8. 의견이 있어요

태도나 처지가 정당하고 떳떳함.

알 지	저 피	알 지	몸 기
知	彼	知	己

국어 3학년 1학기
8. 의견이 있어요

적의 사정을 알고 나의 사정도 알아야 함.

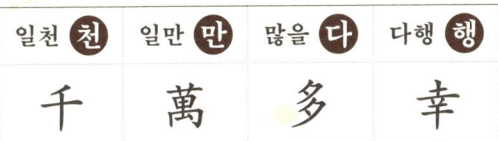

일천 천	일만 만	많을 다	다행 행
千	萬	多	幸

국어 3학년 1학기
1. 재미가 톡톡톡
10. 문학의 향기

매우 다행함.

하늘 천	도울 우	신 신	도울 조
天	佑	神	助

국어 5학년 2학기
5. 여러 가지 매체 자료

사회 6학년 1학기
2. 우리나라의 경제 발전

하늘이 돕고 신이 도움.

하늘 천	실을 재	한 일	만날 우	
天	載	一	遇	국어 3학년 1학기 1. 재미가 톡톡톡
천 년 동안 단 한 번 마주할 정도로 좀처럼 얻기 힘든 좋은 기회.				

하늘 천	우물 정	아닐 부	알 지	
天	井	不	知	국어 4학년 2학기 4. 이야기 속 세상
천장이 어디인지 알지 못할 정도로 숫자가 커지거나 물가가 한없이 치솟음.				

하늘 천	참 진	빛날 란(난)	흩어질 만	
天	眞	爛	漫	국어 3학년 1학기 8. 의견이 있어요 　　 4학년 2학기 4. 이야기 속 세상
말이나 행동에 꾸밈이 없이 매우 순진하고 진솔함				

하늘 천	아래 하	없을 무	대적할 적	
天	下	無	敵	국어 6학년 2학기 2. 관용 표현을 활용해요
하늘 아래 겨룰 만한 자가 없음.				

하늘 천	아래 하	끊을 절	빛 색
天	下	絶	色

국어 6학년 2학기
5. 글에 담긴 생각과 비교해요

세상에서 보기 드문 매우 뛰어난 미인.

하늘 천	아래 하	차례 제	한 일
天	下	第	一

국어 6학년 2학기
5. 글에 담긴 생각과 비교해요

하늘 아래 견줄 것 없이 대단함.

거듭 첩	거듭 첩	뫼 산	가운데 중
疊	疊	山	中

국어 5학년 1학기
10. 주인공이 되어

사회 6학년 1학기
1. 우리나라의 정치 발전

여러 산이 겹치고 겹친 산속.

슬퍼할 측	숨을 은	갈 지	마음 심
惻	隱	之	心

안타깝고 가엾게 여기는 마음.

국어 2학년 1학기
9. 생각을 생생하게 나타내요
6학년 2학기
2. 관용 표현을 활용해요

깨뜨릴 파	대 죽	갈 지	형세 세
破	竹	之	勢

대나무를 쪼개듯 적을 거침없이 물리치며 나아가는 기세.

국어 6학년 2학기
2. 관용 표현을 활용해요

바람 풍	앞 전	등불 등	불 화
風	前	燈	火

바람 앞의 등불, 즉 매우 위급한 상황.

국어 5학년 1학기
2. 작품을 감상해요
사회 5학년 2학기
2. 옛사람들의 삶과 문화

놀랄 해	괴이할 괴	그물 망	헤아릴 측
駭	怪	罔	測

헤아릴 수 없이 기이하고 이상함.

국어 4학년 2학기
8. 생각하며 읽어요

호걸 호	말씀 언	장할 장	말씀 담
豪	言	壯	談

분수에 맞지 않는 말을 호기롭고 자신 있게 말함.

국어 3학년 1학기
10. 문학의 향기

넋 혼	날 비	넋 백	흩을 산	
魂	飛	魄	散	`국어` 3학년 1학기 1. 재미가 톡톡톡

혼백이 어지러이 흩어진다는 뜻으로 몹시 놀라 넋을 잃은 상태를 이름.

그림 화	용 룡용	점 점	눈동자 정	
畵	龍	點	睛	`국어` 6학년 2학기 2. 관용 표현을 활용해요

용 그림에 눈동자를 그려 넣자 용이 승천했다는 이야기에서 비롯, 가장 중요한 부분을 완성함을 이르는 말.

굳을 확	굳을 고	아닐 부불	움직일 동	
確	固	不	動	`국어` 2학년 1학기 9. 생각을 생생하게 나타내요

단단하게 굳어 흔들리거나 움직이지 않음.

그림 캔지민

캐릭터의 매력에 빠져 〈마법천자문〉 등 다수의 코믹스와 애니메이션 캐릭터를 만들어 왔다. 특히 화려한 액션 장면과 특수 효과가 가득한 판타지 세상을 좋아한다. 이번에 작가는 상상의 나래를 마음껏 펼치며 〈천방지축 천년손이와 사자성어 신비 탐험대〉 시리즈를 그려 냈다. 단행본, 웹툰, 애니메이션 분야에서 다양한 캐릭터 디자인을 맡으며 지금도 활발히 활동 중이다.

천방지축 천년손이와 사자성어 신비 탐험대 3

초판 1쇄 인쇄 2024년 4월 3일
초판 1쇄 발행 2024년 4월 11일

지은이 김성효
그림 캔지민
발행인 강선영·조민정
펴낸곳 (주)앵글북스
주소 서울시 종로구 사직로8길 34 경희궁의 아침 3단지 오피스텔 407호
문의전화 02-6261-2015 **팩스** 02-6367-2020
메일 contact.anglebooks@gmail.com

ISBN 979-11-87512-92-9 74810

ⓒ 김성효, 2024

* 리틀에이는 ㈜앵글북스의 아동·청소년 브랜드입니다.
* 이 책은 저작권법에 의해 보호를 받는 저작물이므로 무단 전재와 복제를 금하며 책 내용의 전부 또는 일부를 사용하려면 반드시 저작권자와 ㈜앵글북스의 서면 동의를 받아야 합니다.
  잘못된 책은 구입처에서 바꿔드립니다.